La RAF

Du même auteur

. *Viviré si Dios quiere*,
Editorial INI, México DF, 1977.

. *La Maîtresse mort – Violence au Mexique*,
préfacé par Jacques Soustelle,
Éditions Berger-Levrault, Paris, 1982.

. *Le Peuple du toro*,
codirigé avec Pierre Veilletet,
Éditions Hermé, Paris, 1986.

. *Le rire du chien – Petites scènes de vie à Pékin*,
Jean-Paul Rocher, Paris, 2004.

Véronique FLANET

La RAF

*Vie quotidienne d'un groupe terroriste
dans l'Allemagne des années 1970*

L'Harmattan

© L'Harmattan, 2009
5-7, rue de l'Ecole polytechnique ; 75005 Paris

http://www.librairieharmattan.com
harmattan1@wanadoo.fr
diffusion.harmattan@wanadoo.fr

ISBN : 978-2-296-07692-1
EAN : 9782296076921

Une pensée toute particulière à Christian Péchenard
qui a beaucoup apporté à ce petit ouvrage

Merci à Daniel Cohn-Bendit, grâce à qui cette enquête a pu se faire dans les meilleures conditions…
Merci à Me Gilberte Deboivieux, présente tout au long de cette enquête.
Merci à Barbara Köster pour son accueil si sympathique lors de mes passages à Francfort.
Merci à Jutta Bruch, berlinoise à Paris, pour sa relecture bien avisée.
Merci à Edith Kohn, pour les moments, cocasses ou difficiles, que cette enquête nous aura donné de partager.
Merci à toutes les personnes rencontrées qui m'ont accordé de leur temps et leur attention, à Francfort, Berlin, Hambourg, Paris, Cologne…

« *C'est tout de même effrayant d'entreprendre quelque chose dont on sait que le pire échec serait le succès* ».
Christian Péchenard

« *Le terroriste est fasciné par l'innocence beaucoup plus que par la culpabilité. L'innocence serait le péché suprême, puisque c'est une absence de péché, une absence de faute, sans mérite. Il n'y a pas de mérite à être innocent. Vous ne gagnez pas à l'innocence ! Il y a là quelque chose d'agaçant, agaçant jusqu'au crime*».
Christian Péchenard

« *… C'est pour cela que le discours se perpétue, pour ne pas laisser traîner les morts derrière soi* ».
Gerd Schneider

INTRODUCTION

À l'origine de ce texte il y a un projet avec un éditeur[1]. La commande, très libre, était de faire une enquête auprès de femmes terroristes. Par un contrat signé à l'automne 1988, je m'engageai à remettre un texte un an plus tard. Mais ce délai s'avéra être beaucoup trop court. Je n'ai pu mener l'enquête et digérer un tel sujet en si peu de temps.

Je me suis intéressée à des groupes nationalistes (comme ETA au Pays Basque), à des groupes dits d'extrême gauche (la RAF et le 2 juin en Allemagne ; les Brigades rouges, Prima linea en Italie, Action directe en France), ainsi qu'au terrorisme international.

Aujourd'hui presque vingt ans après je reprends le matériau accumulé pour m'intéresser au fonctionnement d'un groupe armé d'extrême gauche actif dans les années soixante-dix, en l'occurrence la RAF, la Fraction armée rouge, *Die Rote Armee Fraktion*, dite à ses débuts la Bande à Baader.

---

[1] Laure Adler alors chez Plon.

A. Contexte historique

La RAF est l'un de ces nombreux groupes armés dits « d'extrême gauche à vocation révolutionnaire », surgis de l'effervescence de la fin des années soixante.

La RAF est contemporaine de groupes armés qui ont sévi pendant environ deux décennies dans les sociétés occidentales, en Europe, aux Etats-Unis, au Japon...

Les groupes européens[2] (la RAF en Allemagne, la myriade de groupes en Italie dont les Brigades rouges, Prima linea, etc) ont en commun d'avoir été actifs *grosso modo* une entre 1968 à la fin de la décennie soixante-dix ; avec des soubresauts jusque vers le milieu des années quatre-vingt. Le terrorisme d'extrême gauche a très fortement marqué ces pays pour lesquels ces années restent dans la mémoire de nos voisins comme « les années de plomb ».

Pour schématiser, les nombreux groupes italiens, comme les Brigades rouges (qui se sont créés sur le terreau de l'industrie automobile notamment à Turin donc plus prolétaires) et surtout la très violente Prima linea qui « gambisait »[3] à l'envi, étaient globalement ouvriéristes et écrivaient peu, tandis que les fondateurs de la RAF, avec la figure intellectuelle que fut Ulrike Meinhof, ont produit de nombreux textes[4].

---

[2] Sans parler du terrorisme noir, d'extrême droite, en Italie.
[3] « Gambisait », de « jambe » en italien, soit « tirer dans les jambes ».
[4] Soulignons que si les actions de la RAF ont fait trente-quatre morts, les groupes italiens en ont, de leur côté, provoqué environ dix fois plus.

Quant à Action directe[5] et aux CCC[6] belges véritablement actives au début des années quatre-vingt, elles font plutôt figure de queue de comète.

Enfin, les groupes d'extrême gauche les plus radicaux et les plus solidement constitués ont en commun d'être nés dans des pays qui avaient connu le fascisme durant la dernière guerre mondiale, à savoir l'Allemagne, l'Italie, et plus loin le Japon.

. Première génération : la naissance de la RAF[7]

La RAF n'est pas le seul groupe armé à oeuvrer en Allemagne dans les années soixante-dix. Elle est contemporaine des groupes Berlinois du 2 juin et des - très informels - Tupamaros Berlin-Ouest, des Cellules révolutionnaires, des féministes Rote zora[8]...

Ces groupes de guérilla urbaine connaîtront des destinées fort différentes. Il n'empêche qu'ils se sont nourris du même terreau et semblent avoir émergé de la coïncidence des mêmes mouvances et facteurs historiques :

---

[5] Action directe radicalise sa position dès leur sortie de prison après l'amnistie de Mitterrand en l'été 1981 ; Rouillan et Ménigon parlent alors pour la première fois de la possibilité de tuer « pour se rendre intéressants, ils n'avaient pas grand chose à dire », résume une de leurs avocats Maître Marie-Christine Ételin.
[6] Cellules communistes combattantes fondées en 1983 dans la clandestinité.
[7] Pour davantage de détails, voir les « Repères chronologiques » en annexes.
[8] Considérées comme le bras armé féministe des Cellules révolutionnaires ; actives vers la fin des années 1970, elles ont commis quarante-cinq attentats sur des biens (sex shops... etc).

. Berlin d'abord, ville émergeant de ses ruines et soudain emmurée dans l'empire soviétique, lieu d'utopies...

. Les milieux alternatifs berlinois que furent les « Kommune » 1 et 2 (à partir de 1967) : ces communautés ne se contentent pas de partager des formes de vie au quotidien, mais elles prennent aussi des positions politiques actives, souvent provocatrices, voire « interloquantes » ; par exemple, en mai 1967, un terrible incendie ayant ravagé un grand magasin à Bruxelles (dans lequel deux cent cinquante et une personnes périrent), la « Kommune » 1 diffuse le tract suivant : « Pour la première fois dans une grande ville européenne, un grand magasin qui brûle avec des gens qui brûlent donne le sentiment crépitant d'être au Vietnam (d'y être et d'y être en feu), sentiment dont jusqu'à présent nous devions encore nous passer à Berlin »...
Cet incendie accidentel aurait donné à Baader l'idée des incendies dans les grands magasins de Francfort début 68.

. Le pacifisme dénonçant la guerre des Américains au Vietnam.

. Les mouvements contestataires[9] issus notamment des mouvements étudiants, psychiatriques, pédagogiques[10], etc.

. La répression souvent brutale des manifestations pacifistes, en particulier la mort de l'étudiant Behno Ohnesorg, tué le 2 juin 1967 lors d'une manifestation contre la visite du Shah d'Iran à Berlin, a certainement fait l'effet d'un détonateur

---

[9] Des mouvements tels que : le SDS (Union des étudiants socialistes), l'APO (Mouvement d'opposition extra parlementaire), le SPK (Collectif des patients socialistes)...
[10] Foyers de rééducation de jeunes filles, et «Kinderladen » (jardins d'enfants alternatifs)...

dans l'extrême gauche. Cette date a donné son nom au mouvement berlinois du 2 juin.

. Et puis surtout, le poids du conflit générationnel entre les enfants révoltés du nazisme et leurs pères[11]... Le poids de ce conflit non dit - indicible - est certainement inestimable. Les fondateurs ne sont pas des étudiants, mais de jeunes adultes, intellectuels (en dehors de Baader) : Ulrike Meinhof, Horst Mahler, Jan-Carl Raspe, nés dans les années 30-40. Le nazisme, la faute des parents a pesé très lourd sur les générations suivantes :
« La gauche en Allemagne, le terrorisme, c'est le résultat du passé, du fascisme, de la culpabilité des parents... Le problème de la culpabilité est capital », dit Gerd Schneider, membre de la deuxième génération de la RAF.

La RAF réalise ses premières actions violentes en avril 1968. Leurs auteurs, Baader et Ensslin, seront aussitôt arrêtés et condamnés à trois ans de prison. Libérés au terme de 14 mois de préventive, ils gagnent la clandestinité, avant leur procès en appel.
Une amnistie interviendra à la charnière des années 1969-1970 pour les détenus accusés de délits mineurs.

Des témoins et des acteurs de l'époque pensent que cette « indulgence » de l'État a favorisé la radicalisation de la RAF[12] et de ses sympathisants.

---

[11] Voir notamment Christiane Kohser – Spohn, *Mouvement étudiant et critique du fascisme en Allemagne dans les années soixante*, L'Harmattan, 2000.
[12] L'amnistie d'Action directe par François Mitterand en août 1981, aurait eu (d'après un de leurs avocats, Maître Marie-Christine Ételin) un effet similaire. Voir aussi plus loin l'entretien avec Astrid Proll (in « Les débuts »).

. La radicalisation

Le sigle de la Fraction armée rouge apparaît en mai 1970 pour revendiquer la libération de Baader[13], action commando qui marque un tournant pour le groupe originel.
Puis, le noyau historique de la RAF part durant cet été 70 faire un stage dans un camp d'entraînement militaire du FPLP en Jordanie.

La RAF s'affronte maintenant à la police avec des armes de poing : des fusillades avec la police ont lieu à Hambourg, Berlin, Munich, au long de l'année 1971. Des échanges qui se solderont par la mort de militants et de policiers.
La RAF se distingue dorénavant du reste de la scène d'extrême gauche par la radicalité de ses positions, par sa posture.
La RAF terrorise surtout par son discours, sa froideur, voire son mépris pour ceux qui l'avaient jusque-là suivie ou simplement soutenue, traitant de « cochons », ceux qui ne vont pas jusque là où elle va, jusqu'à la mort[14].

Des militants de la RAF s'écartent ainsi de leurs camarades qui les voient « partir » les uns après les autres pour disparaître dans la clandestinité.

En 1972, la RAF commet pas moins de six attentats entre les 11 et 24 mai, et ce dans six villes différentes. Les principales

---

[13] Arrêté en avril lors d'un banal contrôle routier, et incarcéré.

[14] Cf. Meinhof ou Holger Meins dans ses derniers écrits avant de mourir de sa grève de la faim en 1974, in *Textes des prisonniers de la fraction armée rouge et dernières lettres d'ulrike meinhof*, François Maspero, 1978.

cibles sont des bases américaines (à Heidelberg et à Francfort) et le groupe de presse Springer (à Hambourg). Cette offensive armée fait quatre morts chez les Américains et de très nombreux blessés. La RAF semble vouloir démontrer qu'elle a les moyens et surtout la volonté d'agir où elle veut et quand elle veut.

. La réponse brutale de l'État

La réaction de l'État ne se fait pas attendre : de nombreuses arrestations ont lieu dès les semaines suivantes, dont celles des membres fondateurs (Ulrike Meinhof, Andreas Baader, Gudrun Ensslin…). La première génération de la RAF est sous les verrous.
Mais l'État ne semble pas se satisfaire de ces emprisonnements. Il durcit sa position : les membres de la RAF sont soumis à des conditions de détentions extrêmement dures (isolement sensoriel, etc).

C'est ainsi que des sympathisants d'extrême gauche embrassent la cause des prisonniers.
La première grève de la faim des prisonniers (première d'une longue série jusqu'à la fin des années quatre-vingt) débute en janvier 1973.

. La RAF réveille de vieux démons

La réaction de l'État est critiquée dans la société allemande au-delà des sphères militantes d'extrême gauche : les conditions d'emprisonnement, mais aussi les dispositifs policiers coercitifs mis en place (contrôles, fichages, etc) qui jettent le soupçon sur tout citoyen dans des démarches aussi banales que louer un appartement ou acheter une voiture, font débat.

D'aucuns se souviennent sans doute de l'indignation d'Heinrich Böll dans les pages du *Spiegel* en décembre 1971 sur le mode « ce ne sont tout de même pas six terroristes qui vont mettre en péril soixante millions d'Allemands ! ». Il ne fut pas le seul à dénoncer la politique répressive de l'État ainsi que le rôle de la presse inféodée au pouvoir.

Le débat est douloureux. Il touche l'ensemble de la société allemande.
Cette répression de l'État a pour la gauche de forts relents de nazisme. Nous sommes dans les années soixante-dix, mais une frange importante de la gauche, voire au-delà, considère encore l'État allemand comme la continuité du régime nazi.

La RAF agite de vieux démons, des démons enchâssés dans le silence d'une société, dans le silence de la faute. La réponse sans concession de l'État pouvait-elle alors emporter l'adhésion d'un pays ?

. Deuxième génération : objectif, libérer les prisonniers

C'est dans ce contexte qu'au milieu des années soixante-dix apparaît la deuxième génération. Celle-ci est globalement issue des Comités contre la torture[15], les prisonniers sont sa cause.
Les prisonniers feront quatre grèves de la faim entre 1973 et 1977 : ils demandent à être réunis, ils revendiquent le statut

---

[15] Le premier Comité contre la torture fut créé en 1975 à Heidelberg par l'avocat Siegfried Haag, qui rendit aussitôt publique sa décision de partir dans la clandestinité.

de prisonniers guerre[16]... La nouvelle génération de militants les soutient inconditionnellement.
Contrairement à ses aînés, cette génération n'écrit pas, n'a pas de discours politique. Elle fait de la libération des prisonniers son but politique, son étendard.

« La RAF n'eut jamais autant d'influence et de magnétisme que durant la période où ses chefs furent emprisonnés... C'est seulement derrière les verrous que la RAF développa une présence politique qu'elle n'avait jamais pu avoir auparavant. Les conditions de sécurité extrêmes ont donné aux prisonniers un moyen d'action politique qu'ils n'avaient jamais obtenu par leurs écrits ou leurs actions », écrit Stefan Aust[17], ancien rédacteur en chef du *Spiegel*, proche d'Ulrike Meinhof.

Les années 1974 - 76 sont marquées par plusieurs actions violentes qui ont pour objectif la libération des détenus (détournement d'avion, prises d'otages...). L'État allemand négociera une fois, une seule, lors de l'enlèvement de Peter Lorenz, député CDU de Berlin. Toutes les autres tentatives (prise d'otages à l'ambassade de Stockholm en particulier) se solderont par des échecs, par des morts et des blessés de part et d'autre. La RAF n'hésite plus à tuer des civils.

1977 reste comme l'année de l'offensive désespérée.
La RAF risque tout pour faire libérer ses prisonniers. Elle mène des actions délibérément meurtrières (Büback,

---

[16] Revendication qui ne fait pas l'unanimité dans les rangs de l'extrême gauche, loin de là.
[17] *Der Baader - Meinhof - Komplex*, Spiegel Buchverlag, 1980. Cet ouvrage a été porté à l'écran par Bernd Eichinger et Uli Edel, une superproduction qui a fait la une de la presse en Allemagne ; le film est sorti en France en novembre 2008 sous le titre « La Bande à Baader ».

Ponto…). Cette série de violences connaît son paroxysme en septembre - octobre 1977.

. L' « automne allemand »

Le 5 septembre 1977, date du spectaculaire enlèvement de Hanns-Martin Schleyer, président du patronat allemand, marque le début de cet épisode.
Schleyer rentre chez lui à Cologne suivi d'une voiture d'escorte de la police. Pour éviter une voiture et un landau qui coupent sa route son chauffeur freine brutalement ; des individus surgissent et se saisissent d'armes cachées dans le landau, abattent le chauffeur et trois policiers ; Schleyer sort indemne de la fusillade. La RAF réclame la libération de onze de ses prisonniers en échange de Schleyer. Le gouvernement du chancelier Helmut Schmitt ne veut pas céder pas au chantage.
Le 13 octobre, un avion de la Lufthansa décolle de Majorque pour relier Francfort, où il n'arrivera jamais. Un commando palestinien détourne le Boeing 737 vers le Moyen-Orient avec les mêmes exigences que le commando qui a kidnappé Schleyer à Cologne. L'État allemand ne cède pas.
Le 17 octobre, un groupe d'élite antiterroriste venu d'Allemagne met fin à l'épopée du Boeing en Somalie sur l'aéroport de Mogadiscio.
Nuit du 17 au 18 octobre : les corps de Baader, Ensslin et Raspe sont retrouvés sans vie dans leurs cellules du $7^{\text{ème}}$ étage de la prison de Stammheim à Stuttgart.
Le 19 octobre, le corps de Hanns-Martin Schleyer est retrouvé une balle dans la nuque dans le coffre d'une voiture à Mulhouse.

Ces morts signent la fin des première et deuxième générations. Et même si la version du suicide des prisonniers est depuis longtemps admise, elle est encore contestée par une partie des militants.

Des membres de la RAF (des femmes surtout) restent au Moyen-Orient et referont leur vie en RDA, tandis que d'autres sont arrêtés en Allemagne de l'Ouest et seront incarcérés pour de longues années.

Reste que l'extrême violence de ces actions traumatise l'Allemagne (pour longtemps) et qu'une partie de l'extrême gauche qui les avait jusque-là soutenus se désolidarise. On peut considérer que la RAF existe en tant que groupe à peu près homogène jusqu'à cet épisode fatidique d'octobre 1977.

. Troisième génération : le délitement

Après cette débâcle, il est admis d'identifier une troisième génération active au milieu des années quatre-vingt, et voire d'en différencier une quatrième née à la suite de la chute du mur de Berlin. Quoi qu'il en soit cette période d'activité est le fait de groupuscules, sans cohérence.

En 1984 cette nouvelle RAF s'allie sporadiquement à Action directe dans le cadre de sa stratégie d'« unité des révolutionnaires en Europe de l'Ouest » et aux Brigades rouges italiennes en 1988.

La RAF revendique plusieurs actions criminelles dans ce laps de temps[18]. Le dernier attentat meurtrier a été commis le

---

[18] Assassinat d'Ernst Zimmerman, président de l'Aérospatiale, le 1er février 1985 ; attentat contre la base américaine de Francfort qui fait deux morts, le 8 août 1985 ; assassinat de Beckurts, président de la Commission nucléaire allemande et dirigeant de Siemens, le 9 juillet

1ᵉʳ avril 1991 et a coûté la vie à Devtlev Karsten Rohwedder, président du « Treuhandanstalt », organisme chargé de la privatisation des entreprises des nouveaux Länder de l'ex-RDA[19].

La RAF annonce son autodissolution dans un document adressé à l'agence Reuters en mars 1998, et rendu officiel le 21 avril suivant.

L'Allemagne accueillit cette décision avec un sentiment de soulagement, bien sûr. Toutefois, la teneur du document déçoit énormément en ce que celui-ci ignore les regrets par rapport aux victimes et qu'il fait l'impasse sur l'autocritique. La presse s'en fait l'écho, tel le *Spiegel* qui accuse un « mélange de confuse arrogance, d'autojustification et de discernement tardif[20] ».

. Trente ans après

En 2007, pour marquer l'anniversaire de cet automne 1977, un hommage officiel fut (pour la première fois) rendu aux victimes de la RAF, dans une Allemagne toujours divisée sur ce sombre épisode.

1986 ; attentat contre la Bundesgrenzschutz (Police fédérale allemande des frontières), le 11 août 1986 ; assassinat du Dr von Braunmühl, directeur général au Ministère des affaires étrangères, le 10 octobre 1986.
[19] Les attentats de la RAF auront provoqué au total trente-quatre morts. Et, à ce jour, en décembre 2008, un seul membre de la RAF reste incarcéré (une femme de la troisième génération) et quatre sont toujours recherchés.
[20] Cf. *Der Spiegel*, n° 18/1998, p.30. Cité par Annette Vowinckel, « Le débat sur la Fraction armée rouge », note du Cerfa 52, février 2008.

B. L'enquête

Cette enquête s'est déroulée entre l'automne 1988 et 1990.
Elle a consisté à recueillir deux types de matériau :
- des témoignages auprès des acteurs (anciens militants de la RAF, actifs dans des mouvances proches, sympathisants...), en Allemagne, donc ;
- des points de vue de personnes avisées (journalistes, psychiatres, avocats...).

. Des témoignages d'acteurs

Daniel Cohn-Bendit est le point départ du travail sur le terrain puisqu'il m'a mise en relation avec Edith Kohn, journaliste au *Stern* et spécialiste des questions de l'extrême gauche en Allemagne. Edith m'a accompagnée durant cette enquête en Allemagne. Interprète, c'est aussi elle qui a organisé les rendez-vous avec tous ces personnages de Francfort, à Hambourg, Berlin...

L'enquête en Allemagne a été marquée par deux incidents.

Je souhaitais rencontrer plusieurs femmes incarcérées[21].
Nous avions pour cela pris contact avec leur émissaire en liberté, Monika Berberich, que j'ai rencontrée à Francfort. Monika m'a posé de nombreuses questions quant à mon propos, pour me dire finalement qu'elle donnerait un avis favorable à l'éventualité de tels entretiens.
Enfin, les autorités pénitentiaires de la RFA me donnaient leur autorisation d'entrer en prison pour rencontrer ces personnes.

---

[21] En particulier Brigitte Mohnhaupt (membre de la première génération et co-dirigeante de la deuxième), Irmgard Möller « rescapée » de Stammheim en octobre 1977, et quelques autres.

C'était sans compter avec les exigences des stars.

En effet, je débarquai un matin en gare de Francfort, sûre de prendre un train pour Lübeck dans la foulée. Mais Edith m'attendait au buffet de la gare pour m'annoncer que les prisonnières, par un courrier de Brigitte Mohnhaupt, refusaient de me voir au motif que mon interprète était proche de Cohn-Bendit[22]. Elles acceptaient de me rencontrer à la condition de choisir l'interprète qui leur convenait. Pour Edith, c'était du chantage, il ne fallait surtout pas céder ; et elle me lâchait si j'acceptais de telles conditions... Je n'ai ainsi pu rencontrer les femmes en prison.

Et puis, il y eut cette étrange agression à Francfort.
Il est environ dix heures du soir, après une longue journée d'entretiens[23], je rentre chez Barbara dans un quartier résidentiel et cossu, absolument désert. Je rentre, mon cartable bien serré dans ma main gauche contenant mon magnétophone et le fruit de mon travail de la journée, et un sac à main sur l'épaule droite. Un jeune jogger vient en face de moi. Arrivé à ma hauteur, il se jette sur mon cartable et tente de me l'arracher ; je me défends comme une furie. Il en perd sa montre qui gît maintenant sur le trottoir, il se baisse pour la ramasser, nos regards se croisent. Je détale, il ne tente pas de me rattraper.

Le magnétophone a donc été mon outil.
Les entretiens sont reproduits ici avec le souci d'être le plus fidèle possible aux dires de mes interlocuteurs, ou des traductions qu'Edith m'en donnait. Lorsque les entretiens se sont déroulés en français, il m'est arrivé d'apporter (rarement) quelques corrections, en particulier sur la concordance des temps, pour en faciliter la lecture.

---

[22] Cohn-Bendit a pris très tôt position contre la lutte armée.
[23] Parmi lesquels Monika Berberich.

Le corps de ce texte est donc constitué de la retranscription d'entretiens. Il comprend évidemment des coupures. Certaines se situent dans le fil d'une idée (digressions ou échanges qui n'apportent pas grand-chose), situées le plus souvent à l'intérieur d'un paragraphe et signalées ainsi : (...). D'autres relèvent des contraintes d'un plan thématique et de l'assemblage qui en découle : /.../. Il s'agit donc d'un texte très à plat.

. Des témoignages d'acteurs :
Bommi Baumann, à Berlin, chez lui à Kreuzberg, le 3 mai 1989.
À l'origine des Tupamaros Berlin-Ouest, et dans la mouvance du 2 juin.

Monika Berberich, à Francfort, 6 mars 1989.
Première génération de la RAF.

Christiane Ensslin, à Cologne dans un bar, le 9 mars 1989.
Sœur de Gudrun Ensslin.

Katharina de Fries, chez elle, en France, dans le Cotentin, les 3 et 4 décembre 1988.
Proche du 2 juin ; entretien réalisé en français.

Klaus Jünschke, à Cologne dans un bar, le 9 mars 1989.
Première génération de la RAF.

Till Mayer, à Berlin, dans son bureau, le 3 mai 1989.
Proche du 2 juin.

Astrid Proll, chez elle à Hambourg, le 8 mars 1989 ; puis à Francfort le 30 avril 1989.
Première génération de la RAF.

Dorothea Ridder, chez elle à Berlin, le 2 mai 1989.
Proche de la première génération de la RAF.

Bettina Röhl, à Hambourg, dans une brasserie sur le port le 4 mai 1989, et chez elle les 17-18 mai 1990. Premier entretien réalisé avec interprète, le second en français.
Fille d'Ulrike Meinhof.

Gerd Schneider, à Francfort plusieurs fois, chez lui, au bar « l'Orfeo », dans un parc, les 6 et 7 mars, ainsi que le 29 avril 1989. Entretiens en français.
Deuxième génération de la RAF.

Ilse Schwipper, à Berlin, à Postdam, autour du lac, puis chez elle, les 1er et 2 mai 1989.
Anarchiste, proche du 2 juin.

A, à Cologne dans un bar, le 9 mars 1989.
Femme de la deuxième génération de la RAF, a souhaité garder l'anonymat.

. Le point de vue de personnes avisées

Les avis recueillis n'émanent pas nécessairement de spécialistes du terrorisme, mais plutôt de personnes qui s'intéressent à la question ; parmi eux le docteur Dubec et maître Vergès ont une connaissance très concrète des personnalités terroristes, le premier pour en avoir expertisé[24] bon nombre, le second pour avoir défendu quelques célèbres figures[25].

---

[24] En particulier les membres d'Action directe.
[25] Notamment Carlos, Magdalena Kopp... Sans parler des « bombistes » algériennes.

Pour les autres, il s'agit d'esprits ouverts et critiques, et plutôt littéraires, comme Dominique Clerc et le talentueux et regretté Christian Péchenard dont les points de vue ont nourri ma réflexion.

Il s'agit de :
Dominique Clerc - Maugendre, psychanalyste,
Daniel Cohn-Bendit,
Michel Dubec, médecin psychiatre, expert près les tribunaux,
Helga Ensele, médecin psychiatre, fondatrice de la « Maison pour Mères et enfants » de la prison de Francfort,
Marie-Christine Ételin, avocate de membres d'Action directe,
Laurent Greisalmer, journaliste,
Thierry Lévy, avocat,
Jean-Pierre Mignard, avocat de membres d'Action directe,
Daniel Pécaut, directeur d'études à l'EHESS, spécialiste de la Colombie,
Christian Péchenard, avocat,
Edwy Plenel, journaliste,
Serge Raffi, journaliste,
Jacques Vergès, avocat.
Michel Wieviorka, directeur d'études à l'EHESS, sociologue.

1. LES DÉBUTS, L'ENGAGEMENT

« Le groupe de Baader ne voulait pas sauver l'humanité de cette vallée de larmes, mais seulement Baader de sa prison. Après ça on s'est retrouvé comme n'importe quelle bande de jeunes. Nous sommes alors partis en Jordanie... ».
Peter Homann, compagnon d'Ulrike Meinhof, *Der Spiegel*, novembre 1971[26].

Astrid Proll

- Comment à partir du SDS, la RAF s'est-elle formée ? Concrètement, comment êtes-vous devenus clandestins ?
- Les gens qui ont fondé la RAF n'étaient pas des gens du SDS, ils en étaient proches, si on considère le SDS comme une avant-garde. Après 68, beaucoup de gens avaient des procès sur le dos, à cause des manifestations et tout ça... Et dans l'idéologie de cette époque, pour être révolutionnaire, il fallait se séparer de l'État et de tout ce qui le représentait. Il ne fallait pas reculer en acceptant l'amnistie (le

---

[26] *La Bande à Baader ou la violence révolutionnaire*, Éditions Champ Libre, Paris, 1972, p.214.

gouvernement allemand envisageait alors d'abandonner les poursuites judiciaires). Il ne fallait pas accepter l'amnistie proposée par l'État, disaient des gens comme Mahler et Meinhof proches du SDS... Il m'est difficile d'expliquer aujourd'hui l'idéologie d'autrefois. Parfois, je ne comprends pas... Mais... En 68, le mouvement des étudiants a été influencé par ce qui se passait dans d'autres pays. On s'est engagé de plus en plus contre des partis comme le Parti communiste. Le mouvement des étudiants était non dogmatique, mais nous pensions qu'avec des partis un peu plus dogmatiques, nous pourrions peut-être faire la révolution, changer les choses. Les premiers de la RAF pensaient cela. On se référait à Che Guevara, mais on pensait que c'était une aventure. On ne prenait pas cela tellement au sérieux. Cet engagement était porté par un grand narcissisme personnel ; et par la croyance en un grand, un vrai changement. Et surtout par la volonté de se séparer des groupes communistes.

- Tu parles d'une volonté d'aller vers quelque chose de plus dogmatique. Je le comprends chez Meinhof, mais Baader ?
- On est surtout étonné qu'une femme comme Ulrike Meinhof ait pu s'engager dans un groupe comme la RAF, plutôt que Baader. Baader était un type très intelligent, un homme d'action, un homme qui a pu faire bouger les gens, les fasciner, les attirer. Il a attiré beaucoup de gens dans le milieu berlinois de la Kommune 1, un milieu dans lequel on faisait des actions déjà depuis longtemps. Il ne venait pas d'un milieu intellectuel, mais d'un milieu d'action.

- Il aurait catalysé les choses plus qu'il n'aurait dirigé ?
- Il était les deux. La formation d'un groupe comme la RAF n'est pas due à un leader, à une seule personne, mais à un mélange de personnes qui à un moment donné se sont retrouvées ensemble. Il a eu une position « guidante »

surtout au regard des circonstances de sa mort. Il était comme ça. Baader n'était pas un criminel dans le sens traditionnel du terme. C'est un fils de bourgeois qui avait déjà des problèmes à l'école, qui a été beaucoup plus tôt que les autres engagés dans des actions anti-bourgeoises, qui était très... qui était comme tous les hommes, qui avait un rapport très masculin à la police, contre la police.
Ca, pour les femmes, c'était différent. Il faut voir aussi que Baader avait des contacts avec la Kommune 1, et qu'avant que la RAF ne soit fondée il y avait eu l'incendie d'un magasin à Francfort qui faisait suite à un texte de la Kommune 1 qui pensait que les gens réagiraient plus à cela qu'à la guerre du Vietnam.
/.../
Ce n'était pas un attentat politique, mais tous les journaux en avaient tellement parlé que la Kommune 1 a eu cette idée de brûler des magasins pour faire parler du mouvement. Et des gens, parmi eux Baader, ont repris cette idée.
Gudrun Ensslin était aussi impliquée dans cet incendie[27]. Donc au moment où la RAF s'est créée, deux personnes avaient déjà pris des risques physiques, avaient risqué leur propre vie : Baader et Ensslin étaient recherchés par la police et risquaient la prison. C'est-à-dire que les choses en seraient sans doute allées tout autrement si ces deux personnes n'avaient pas été dans cette situation. Et puis d'autres gens étaient prêts aussi à fonder un groupe illégal... Il faut savoir qu'à l'époque, personne n'avait d'expérience avec la prison, seulement des sursis, et en 69, les poursuites pour l'incendie étaient la première réaction sérieuse de l'État : trois ans de prison. Et c'est le moment où l'on a changé. La peur, la conscience révolutionnaire... On a réalisé qu'il s'agissait de prendre de vrais risques.

---

[27] Incendie dans deux grands magasins à Francfort, dans la nuit du 3 au 4 avril 1968.

- Et d'affronter l'État?
- On a fait des efforts terribles pour être criminel *(rires)*!
Oui, il fallait être contre l'État, c'est-à-dire révolutionnaire.
Et à l'époque l'État - enfin ce qu'on appelait l'État - a essayé de nous traiter comme des enfants, de réagir de façon libérale, de ne pas envoyer ses enfants en prison et tout ça... Alors pour être révolutionnaire, il était nécessaire d'être criminel. Mais on ne voyait pas les conséquences de tout ça.

- On a le sentiment que la RAF a existé par une extrême coïncidence entre quelques personnes...
- Oui, on peut parler de coïncidence. Mais à vouloir un statut de criminel - on voulait être criminel pour avoir un statut de hors-la-loi, on a fait changer l'attitude la police.
- À quel moment la RAF est-elle vraiment née?
- C'est très difficile à dire. C'est une réponse que je ne pas donner. Historiquement, c'est après le procès de Baader. Mais il y avait déjà des gens recherchés par la police. Il y avait Horst Mahler qui était avocat du mouvement et il y avait une grande manifestation parce qu'on voulait lui interdire de plaider. Il y avait aussi Grashof, libéré il y a quelques jours.

- Le moment est difficile à situer, mais il semble qu'il corresponde au moment où Baader et Ensslin se retrouvent dans la clandestinité?
- Non, c'était plus tard. L'illégalité, tout ça, c'était plus tard. Tout ça s'est passé sur six mois. Et si j'ai parlé de l'incendie de Francfort c'est parce qu'à ce moment-là on aurait sans doute pu faire marche arrière.
- C'est la sentence qui vous a poussés à la clandestinité?
- C'est l'histoire qui a décidé. Baader et Ensslin étaient condamnés. Ils sont sortis plus tôt, mais la justice a décidé qu'ils devaient retourner en prison. C'était en 69, ils devaient retourner en prison pour deux ans. Ils ne l'ont pas fait et ont

poursuivi leur travail politique. Ils ont décidé d'aller à l'étranger. À l'époque, l'étranger le plus fascinant, c'était les Palestiniens. Alors ils sont partis avec les Palestiniens. Mais à Berlin, dans la « Kommune 1 », des gens leur ont envoyé le message de rentrer : c'était le moment de former le bras illégal du mouvement. Ils étaient recherchés, ils étaient donc déjà illégaux, et ils sont revenus. À partir de là, il a fallu une certaine logistique pour les cacher. Parmi les gens qui les ont cachés certains se sont retrouvés plus tard dans la RAF. Il est donc très difficile de dire à quel moment la RAF s'est créée.

- Les événements vous ont rattrapés?
- Oui.
- Pour être révolutionnaire, il fallait être criminel. Mais vous n'étiez pas prêts à être "criminalisés"?
- C'est très vrai.
- Et toi, comment as-tu choisi d'être illégale ?... Ca s'est passé différemment ?
- Non *(rires)*. Je suis entrée dans l'illégalité plus ou moins comme tous les autres. J'étais là-dedans. C'était un peu un jardin d'enfants. De l'extérieur, on a souvent l'impression que c'était plus professionnel que ça ne l'était en réalité. Si on jette un coup d'oeil derrière les coulisses, on voit que ce n'était pas du tout professionnel. Mais il fallait le faire. On disait qu'il fallait s'habiller d'une autre identité. Cela signifie aussi jouer un rôle qu'on n'avait jamais pu jouer avant. Ce n'était pas simple de s'habituer à une identité qui pouvait te donner la sécurité. On s'était identifié au rôle du révolutionnaire, mais l'illégalité nous imposait de prendre une autre identité... Car on était très fortement accroché à l'identité révolutionnaire ; il fallait abandonner tous les symboles du révolutionnaire, les vêtements, tout ça, l'existentialisme... qui n'avaient rien à voir avec l'identité que nous devions prendre pour vivre dans l'illégalité.
Ce n'était pas simplement ridicule, c'était très sérieux. On

avait vraiment besoin, un besoin politique, d'avoir une nouvelle identité. La lutte, c'était la lutte contre la police, la lutte contre l'administration, l'administration qui protégeait l'État. Il fallait absolument arriver à un point où l'État s'aperçoive de notre existence. Il fallait faire des choses pour que l'État sache qu'il y avait un groupe là. Ça a été très vite parce que Baader a été trahi, aujourd'hui, on ne sait pas encore par qui, et a donc été arrêté. Et là le groupe a dit "Il nous faut absolument ce type dans le groupe. On a besoin de lui, il faut le libérer". À cette époque-là, la RAF, comme groupe, n'existait pas encore. On savait seulement qu'il était urgent de le libérer. On a donc décidé de cette action dans la bibliothèque. Un policier a été blessé, c'est quelque chose que nous n'avons pas contrôlé. On avait seulement le plan de libérer Baader et de s'en aller. C'est tout. Après cette action, huit personnes ont été recherchées. Et c'est à ce moment-là qu'est sortie la première affiche de la police. C'est peut-être à ce moment-là que s'est formée la RAF.
- Comment s'est décidé le nom de la RAF ?
- Je ne sais plus.

(Edith demande une pause. L'on dîne.
Et l'on reprend).

- Comment un groupe que tu présentes comme amateur et assez informel se procurait-il des faux passeports?
- C'était beaucoup plus simple que l'on ne peut se l'imaginer. On ne peut pas voir la RAF sans le milieu dans lequel elle se mouvait. C'est-à-dire un tas de gens qui pensaient que la révolution passerait dans les dix ans, un milieu dans lequel on est convaincu que l'illégalité est la voie de la révolution. On avait beaucoup de contacts avec des amis qui allaient ramasser des passeports, ou même qui

donnaient leur propre passeport[28]. Il y en avait dans le groupe qui s'entraînait à les falsifier. Mais il y avait des amis qui donnaient volontairement leur passeport parce qu'ils faisaient partie du milieu social et politique.
- Dans ce milieu assez mal défini, est-ce qu'il n'y avait pas des liens avec les milieux délinquants ?
(Je dois insister auprès d'Edith pour qu'elle pose la question).
- Mon Dieu !... Oui, il y avait des personnes des milieux criminels avec lesquelles on avait des contacts, surtout des hommes. La situation était la suivante : il fallait des passeports, il fallait une certaine sécurité. On vivait avec le fantôme qu'il fallait assurer tout ce qu'on faisait dans l'illégalité. On a fait le serment dans le groupe, inconscient, jamais dit, jamais exprimé, qu'on s'assurait les uns les autres, de s'aider en toute situation. Et en effet, on avait des contacts avec les criminels, parce que c'était des gens qui avaient des expériences avec la police, faisaient des hold-up, et tout ça. Et pendant un certain temps ils ont été pour nous des héros. Parce que nous on était bête. C'est Baader qui faisait le lien, c'est lui qui avait les contacts. Ca c'était quelque chose de très masculin. Partir la première fois avec un faux passeport, c'était quelque chose pour ces étudiants qui n'avaient aucune expérience !... C'était un changement extrême !

- En quoi ce changement était-il extrême pour toi ?
- Se donner volontairement dans une situation risquée. Tous les gens n'étaient pas de braves étudiants. Il y avait aussi dans le groupe des gens qui venaient de maisons de redressement, comme Irene Goergens... On avait un règlement dans le groupe : on ne prenait pas de mineurs de

---

[28] Il y a aussi des sympathisants qui se sont fait voler leur passeport chez eux... Ainsi que des cambriolages de mairies pour récupérer des papiers d'identité.

vingt ans. Il faut voir qu'après la libération de Baader, c'était dangereux. Pour la première fois depuis la guerre, il y avait la lutte avec la police, nos photos étaient sur les murs, et c'était nouveau. Nous portions une certaine responsabilité.
/.../

- Tu mesures assez précisément le début, tu dis « quatre - cinq mois », ensuite c'est devenu plus grave ?...
(Edith intervient : « Ce n'est pas une question de gravité, c'est une question de logistique »).
- Non, ce n'était pas la logistique qui fonctionnait au bout de ces quelques mois ; au bout de cinq - six mois, les gens savaient jouer leur rôle.
- Et en même temps, de l'autre côté, l'État se radicalisait...
- Tu as tout à fait raison. Au début on a seulement agi à Berlin, puis il y a eu les premières arrestations, et on a continué, en Allemagne de l'Ouest. Mais il y a eu un changement, on s'habituait à motiver des gens nouveaux, la pression de la police grandissait, et en même temps l'expérience grandissait aussi.
- Vous étiez en situation de survie ?... En stratégie de survie...
- Les premiers temps, non. On trouvait toujours des gens motivés. La possibilité d'établir un réseau existait toujours, mais chaque arrestation était une menace pour tout le groupe. On vivait menacé par ça. Mais on a toujours essayé de trouver une solution, on allait d'une ville à l'autre... Puis, les grandes recherches de la police ont commencé. C'est l'époque des premiers meurtres.
- En 71 ?
- Oui.
- Et après très vite la teneur des écrits est différente.
- Oui, le langage a changé.
- Et les premiers militants assassinés le furent peu après...
- On ne peut mesurer ce temps avec une montre. Il s'est

passé trop de choses.
- Et il y a eu la vague d'attentats du printemps 1972 : on a le sentiment que tout d'un coup la RAF a beaucoup de dynamite, que tout d'un coup la RAF a les moyens réels de faire des attentats...
- Concrètement, je ne sais pas. Avant cette vague, il s'est également passé beaucoup de choses : on a fait des hold-up, on a tiré sur des gens, mais c'est vrai, la période de 72 fut réellement la première offensive.
- Une offensive très déterminée, et l'État l'a bien compris puisqu'il a pris tout le monde dans les mois qui ont suivi.
- C'était aussi un départ... C'est un départ qui commence, mais aussi un départ dans le sens où tout est terminé[29].

Ilse Schwipper

Wolfsburg[30] est la ville en Europe construite dans les bureaux d'Hitler, sa construction s'est terminée en 38. Elle a été remplie avec des gens du Parti national - socialiste. Les gens de Wolfsburg étaient des bras. Après sont venus des gens de Pologne, des « Ausländer », des gens qui ont fui l'Est à la fin de la guerre... Le nom de Wolfsburg a été créé après 1945, avant elle s'appelait « Ville de la voiture KDF », Force par la Joie. Pour attirer les gens, les tromper...
À côté de Wolfsburg, il y avait un camp de concentration pour les femmes. C'est aussi la ville de la Volkswagen, cette entreprise a été construite avec l'argent volé aux syndicats,

---

[29] Edith précise qu'en allemand « départ », c'est aussi la « fausse-couche ».
[30] Thierry Féral, *Le National – socialisme. Vocabulaire et chronologie*, L'Harmattan, 1998, art. « Volkswagen », p. 127.

avec des « Fremdarbeiter »[31], avec le travail obligatoire des ouvriers de Roumanie, de Pologne, de Russie... Pratiquement aucun véritable ouvrier allemand travaillait là. Wolfsburg, c'est la ville d'un prolétariat détruit par les nazis. C'est là où je me suis radicalisée... Dans les années 50 avec le miracle économique, on a continué à construire dans le style monumental nazi. Volkswagen domine la ville et est la seule possibilité de travail.
/.../.
Je n'ai pas la même histoire que les autres. Je suis née en dehors d'un mariage et j'ai été élevée par mes grands-parents. Mon grand-père était dans la résistance anti-fasciste à Berlin, et quand j'étais enfant, j'ai été impressionnée et formée par mon grand-père. J'ai toujours été politisée. Je me suis mariée dans les années 50 parce que j'étais enceinte et que je ne voulais pas être une mère seule à Wolfsburg. Car à l'époque, ça signifiait pas d'appartement, pas de jardin d'enfants, et donner l'enfant ç'aurait été comme envoyer un paquet par la poste ; c'est pour cela que je me suis mariée. En 56, l'année où Elke est née - l'aînée qui est morte plus tard - il n'y avait à Wolfsburg qu'un jardin d'enfants catholique et un autre protestant. (...) J'ai eu mes enfants très jeune, pour être jeune avec eux.

- Tu as dit que tu ne pouvais pas parler de l'illégalité, mais qu'en revanche de la radicalité oui. Peux-tu situer ta radicalisation ?
- 1968 est l'année où ma fille Elke est morte. Elle était très malade. Une maladie très compliquée dans laquelle l'organisme ne peut plus fabriquer le sang. Une maladie très rare. À l'âge de 13 ans, elle est morte. Depuis toujours,

---

[31] Littéralement « travailleurs étrangers » : ouvriers travaillant dans les usines allemandes sous le troisième Reich, dont étaient les STO (Service de travail obligatoire, statut particulier aux Français et mis en place en septembre 1942). Ce terme est encore parfois employé aujourd'hui.

j'étais attentive à ce qui se passait politiquement, mais je n'étais pas active parce que ma fille, durant toute son enfance, à eu besoin de mon énergie. En plus d'elle j'avais trois enfants. La plus jeune est née en 64. Mais j'ai tout de même fait des choses. Par exemple, en 61, j'ai lutté dans un quartier à Wolfsburg pour créer une place où les enfants pourraient jouer. Ils n'avaient aucun endroit où jouer. Sauf un bac à sable et une sorte de place où ils voulaient construire une école... C'est là que je me suis rendu compte que sans s'adresser au public, sans alarmer la presse, on peut rien faire... En 58, à l'époque du boom économique, la Volkswagen avait besoin de beaucoup de travailleurs, et on a construit à l'extérieur un camp pour les travailleurs, les « Gastarbeiter »[32] qu'on traitait comme les « Fremdarbeiter » sous le nazisme. J'ai écrit à un journal pour dénoncer les conditions dans lesquelles ils étaient, entourés de fils barbelés... Il y avait surtout des Italiens. Le Maire m'a répondu dans le journal en disant que c'était pour sécuriser les travailleurs face aux représentants qui faisaient du porte à porte. On trouve toujours des raisons pour construire un ghetto.
/.../.
Je me suis mariée en 1955 et j'ai travaillé chez Volkswagen de 1954 à 58 comme employée de bureau. Je n'ai fait que l'école primaire... À l'école maternelle, j'avais un prof qui n'était pas nazi du tout. Il ne disait jamais « Heil Hitler » quand on rentrait en classe, mais simplement « Bonjour, asseyez-vous ». Je savais que dans d'autres classes c'était différent. Il m'a toujours rappelé mon grand-père ; il devait être socialiste ou communiste mais pas nazi. Donc, en 1948,

---

[32] Littéralement « travailleurs invités », un euphémisme : équivalent de « Fremdarbeiter » ouvriers étrangers travaillant dans l'industrie allemande sous le troisième Reich, dont étaient les STO (Service de travail obligatoire, statut particulier aux Français et mis en place en septembre 1942).

on ne m'accepte pas au lycée. À cette époque, on prenait surtout les garçons de la petite bourgeoisie, et les filles, seulement les filles d'avocats ou autre. On refusait les prolétariennes. J'ai fait huit ans d'école primaire. Par rapport aux autres, mon engagement ne vient pas de pensées qui ont tourné dans ma tête, mais de ma vie. À l'école, ça ne se passait pas bien, et un jour le directeur a demandé à ma mère de me reprendre. J'étais très contente.

/..../
Un jour à Berlin, il y a eu une rafle de la Gestapo, et ma mère dans cette situation c'était la peur pure. Elle a toujours eu peur. Ma mère rentrait du travail, elle se changeait et allait à l'opéra. Elle a compensé cette période du nazisme dans la culture. Elle n'était pas du tout politique, à l'inverse des grands-parents qui n'ont jamais rien dit à ma mère parce qu'ils ne savaient pas s'ils pouvaient s'y fier. Lorsque mon grand-père est arrivé de Berlin en 48, il a essayé d'expliquer à mon beau-père tout ce qui allait arriver en Allemagne de l'Ouest, que l'anti-communisme allait venir, car sinon le capitalisme ne pourrait pas exister... Mon beau-père et mon grand-père étaient toujours en contradiction. Mon beau-père a été dénazifié, mais cette dénazification ça ne veut rien dire, car tout de suite après la guerre ils étaient déjà là. Wolfsburg n'a pratiquement pas été bombardée. On sait que les Alliés avaient décidé d'épargner la Volkswagen. Dans toute l'Allemagne ce fut le même phénomène : les nazis, les patrons du capital, les services secrets, Krupp, etc. sont revenus.
C'est mon grand-père qui m'a appris l'existence des nazis. C'est lui qui m'a formée. Il était membre du PC, et lorsqu'il s'est rendu compte que le PC n'allait pas passer à la lutte armée contre les nazis, qu'il se trompait, qu'il croyait que le nazisme ne durerait que quelques mois, donc, quand il a vu ça, il a réuni quelques camarades très proches... Ils n'étaient

pas armés, mais je sais qu'ils ont caché des juifs, qu'ils ont fait des faux papiers, pour eux et aussi pour des membres du PC qui devaient s'enfuir de Berlin. Ils imprimaient des tracts. J'ai bien connu cette imprimerie. Ils faisaient certainement d'autres actions, mais je ne le savais pas.

- Tu étais dans les secrets du grand-père ?
- Oui, depuis l'âge de trois ans. Je ne définis pas la fierté comme les autres. J'ai un souvenir dans cette imprimerie : on était là avec mon grand-père, et une femme disait qu'il fallait détruire tous les papiers parce qu'il y avait des contrôles et des fouilles de la Gestapo, des SS dans le métro. Ces papiers contenaient des rapports sur les camps de concentration de communistes. Alors mon grand-père Gustave m'a demandé si je voulais l'aider. J'ai dit oui, il m'a dit que ce serait risqué, et même dangereux, et que si jamais j'avais peur il ne fallait surtout pas le dire devant les hommes qui ont des bottes, mais après ou avant, mais surtout pas devant eux. Je portais des vêtements larges pour faire du sport et par dessus un manteau alors il m'a fixé les papiers au corps et on a pris le métro. Quand on est sorti du métro, il y avait un contrôle. Ils ont mis mon grand-père contre un mur, ils l'ont fouillé. Il avait une musette avec dedans une boîte pour le pain... Ils ont détruit la boîte, cassé le quart pour le café, déchiré la musette... C'était la terreur quoi ! Et je me souviens qu'un homme de la Gestapo me caressait les cheveux. Je ne pouvais pas supporter qu'il me touche, mais je savais que je devais le supporter pour qu'on aille jusqu'au bout, pour qu'on passe le contrôle. J'avais peur, mais j'ai tenu parce que j'avais ces papiers sur mon corps... Et lorsqu'à la maison mon grand-père a pu reprendre les papiers, j'étais très fière. J'étais fière d'avoir marché droit avec la peur... J'avais trois ou quatre ans.

- Tu as dit que tu n'avais rien à dire de l'illégalité, et

pourtant...
- Enfant, bien sûr. (...) Mais je n'ai pas vécu de rupture d'expérience, de rupture dans ma vie. D'abord il y a eu cette pétition pour le camp de travailleurs et l'action pour les enfants, mais c'était des actions spontanées, elles ne s'appuyaient sur aucun groupe, et ça, c'est à relier au fait que ma fille était malade, plus tard ce serait différent. Il faut revenir en 54 où je travaillais chez Volkswagen dans un bureau que j'ai quitté parce que l'atmosphère entre les femmes qui voulaient faire carrière, qui voulaient épouser le chef, qui parlaient de rouge à lèvres et de coiffeur et de rien d'autre, ça ne m'intéressait pas. Alors, je suis allée voir le représentant de la jeunesse à l'usine, je voulais travailler dans la production. Et j'ai travaillé à monter l'étoffe des sièges à la tapisserie, jusqu'en 58. Je ne suis pas une intellectuelle prolétaire, mais une prolétaire intellectuelle.
Ma fille est morte pendant la révolte de 68. Les mouvements en Allemagne étaient pour moi des « départs » émotionnellement très importants, mais je ne pouvais pas en faire partie autrement que devant la télévision parce que je m'occupais d'Elke. Il y a eu des manifestations à Wolfsburg pour réclamer des réformes dans les écoles, il n'y a pas eu de violence, mais pour Wolfsburg, c'était presque une révolution. J'étais triste de voir tout ça, ces départs, sans pouvoir être active, de ne pouvoir être au milieu de tout ça, parce qu'à cette époque je ne savais pas que ma fille mourrait en septembre. Après, j'ai dû me récupérer, pendant presque un an, et alors j'ai voulu me développer, radicaliser ma vie, changer ma vie radicalement et en continuité, travailler politiquement... En octobre 69, je suis devenue membre du Parti social-démocrate, des Jeunes socialistes. J'avais dans la tête de ne plus agir seule spontanément, je voulais faire quelque chose en groupe, en collectivité. Le début de ma radicalisation, ce n'était pas les sociaux-démocrates. Là, je militais pour un hôpital sans classe, pour

l'éducation et contre le service militaire. Ils disaient « Il faut oser plus de démocratie, mais ils faisaient tout le contraire. À Wolfsburg, il y avait un foyer pour cas sociaux géré par une association proche su SPD. Un nouveau directeur a commencé un travail pédagogique, une éducation anti-autoritaire. Il a été mis dehors. Les enfants ont lutté pour qu'il revienne. C'est à ce moment-là que je me suis radicalisée, dans cette lutte.

- Les enfants ont une importance capitale dans ta radicalisation...
- Ma radicalisation est liée à la pédagogie, le changement doit commencer à la racine, et la racine du changement, c'est l'éducation. Dans ce sens, d'accord ma radicalisation a commencé avec les enfants. Quand on veut changer les choses à la racine, on touche très vite un point extrême, et toutes ces paroles de démocratie sont vides. Avec les Jeunes Démocrates, j'ai vite fait carrière, j'étais la personne symbolique... Au bout de trois mois, je suis devenue le numéro 2, mais je ne voulais pas faire carrière, je voulais un changement, et finalement j'ai été fichue dehors avec dix-neuf autres personnes parce qu'on nous a reproché d'être négatifs pour le Parti.
/.../
- Radicalisation, qu'est-ce que ça veut dire ?.... On a fait beaucoup d'actions dans ce foyer de jeunes, avec les enfants pour soutenir le directeur, des pétitions, des manifestations... Les enfants ont été éparpillés. À cette époque, je connaissais une communauté près de Wolfsburg, je connaissais le Journal 883 qui parlait des Tupamaros Berlin et des Rebelles du Hasch... Un autre point a fait partie de ma radicalisation, c'était les débats et les disputes avec mon mari, il voulait une femme à la cuisine avec les enfants, pas une femme engagée politiquement. C'est là où je me suis demandé pourquoi il était avec moi sinon parce que j'étais sa femme, sa propriété,

au même titre que le lit ou l'armoire... Bref, je l'ai foutu dehors. En 1970, et en même temps il y a eu un passage d'illégalité par rapport aux enfants et une rupture avec la vie prolétarienne d'avant... Bon, j'avais foutu mon mari dehors et je luttais avec les jeunes qui restaient au foyer. On les a cachés. Le *Stern* et la radio les a soutenus. Au bout de six semaines, la DDASS allemande a autorisé l'ancien directeur à fonder son centre, mais lorsque les enfants sont arrivés, une voiture de police les attendait. Ils furent traités brutalement. Ce fut une expérience avec l'État qui n'avait rien à voir avec le débat sur la guerre du Vietnam qu'avaient d'autres gens à l'époque.

- Ce travail avec les jeunes des foyers avait-il quelque chose à voir avec celui d'Ulrike Meinhof à Berlin ?

- Non, ça n'avait rien à voir avec ce qu'on appelait « les révoltes dans les foyers », mais ce n'est pas un hasard si la radicalisation à l'époque est passée par l'éducation. On voulait démontrer que tout changement, toute révolution ne pouvait se faire en parlant de démocratie. /.../

- On a parlé de cette communauté... À l'automne 70 des gens ont été arrêtés parce qu'ils avaient fait une tentative de hold-up. Moi, à cette époque-là, je cherchais des gens à Wolfsburg avec qui vivre d'une autre manière, des gens qui comme moi voulaient quitter la famille traditionnelle. Moi, je ne voulais plus vivre seule avec mes enfants, je voulais vivre en groupe. C'était l'époque de la création de la K3[33] où il s'agissait aussi d'éducation, de préparation de procès, un mélange de la politique du jour, de visites à la prison, de projet de vivre ensemble... Les K1 et K2[34] étaient notre

---

[33] Kommune 3.
[34] Les premières communautés berlinoises, lieux alternatifs et revendicatifs importants sur la scène d'extrême gauche. Baader avait des liens avec la Kommune 1.

modèle. (...) Cette lutte pour les jeunes, c'était le contexte politique. À cette époque, à la K3, on discutait du sens ou du non sens de la lutte armée. On a eu en main le papier de la RAF, celui qui discutait de l'opportunisme des étudiants, qui critiquait le mythe du mouvement étudiant. En 70, un papier fondateur, théoriquement, de la lutte armée, disant que le mouvement étudiant avait atteint ses limites.
/.../
- Vous avez donc discuté de la possibilité de la lutte armée à partir du papier de la RAF...
- Nous, on avait tous eu une expérience avec la police, avec cette lutte, et moi - avec ma famille - avec le système de santé. Notre discussion était : est-il possible d'arriver à un changement de la société en travaillant de l'intérieur ? Dans la K3 vivaient des apprentis de Volkswagen qui livraient du matériel pour la guerre au Vietnam, et avant pour les nazis. Alors, avec la K3 on a voulu empêcher la livraison du matériel. On n'y est pas arrivé, on a seulement causé un retard. La discussion c'était donc : est-ce que la lutte armée peut être une méthode pour un changement total. La réponse était ambivalente... On n'a jamais discuté de ça avec la RAF ou le 2 juin. Des gens voulaient entrer dans la RAF, et ils prenaient contact avec eux. Mais ces discussions n'avaient pas besoin des groupes armés pour avoir lieu. Il y avait les Tupamaros, le Che... La lutte armée était dans l'air. La RAF n'a pas proposé la lutte armée aux autres. La lutte armée était faisable, pour les individus radicaux et conséquents. C'était politiquement et objectivement envisageable. Ce n'était pas une question de volonté, de dire « je veux », comme le disait la RAF, mais on pensait que la lutte armée était aussi possible chez nous. Ce processus a existé partout en Europe, c'était une réponse européenne.

- Alors, le groupe armé ?
- Dans la K3, une partie du groupe était pour tenter cette

possibilité, d'autres disaient non, mais je ne peux pas en dire plus parce que le procès contre moi est toujours en route. J'ai été arrêtée en juin 71 avec la K3, mais en ce qui concerne le reste, nous avons pris la décision de ne rien dire au procès. L'accusation avec la K3, c'est pour l'interruption de trafic sur la voie ferrée, incendie volontaire et vol d'armes. L'incendie, c'est celui d'une salle de lycée qui devait être proposée au NPD[35] pour une réunion, mais ça n'a pas brûlé. Pour nous, il y avait eu assez de nazisme comme ça.

Katharina de Fries

- Pourquoi autant de femmes se sont-elles engagées dans la lutte armée ?
- Pour le plaisir !... Oui. Un énorme plaisir de se découvrir soi-même, de découvrir ses propres limites, et celles des autres. Et ce qu'est l'amitié, la solidarité ; de découvrir comment on se comporte dans certaines situations dangereuses... Tout cela vient, je crois de 1968, en tout cas pour moi (...) . J'en avais marre de discuter. (...) Il y a l'État, l'injustice sociale, la société, et c'est bien connu - on a bien lu Marx et compagnie - on sait très bien que la richesse est injustement distribuée. Et ça s'arrête là ! Et c'est là qu'il y a une petite différence entre les hommes et les femmes, comme par hasard, c'était avec les femmes que je disais « mais on ne peut tout de même pas s'arrêter là ! ». On a compris. Qu'est-ce qu'on fait ?...

- Avec Marx ou avec les capitalistes, de toute façon la société est injuste ?...

---

[35] Parti national démocratique d'Allemagne, fondé en 1964 par des néonazis.

- Eh ! Oui, c'est ça... Énormément de jeunes ouvriers sont venus et ont pris à la lettre tout ce que l'on a dit, tout ce qu'on a chanté dans la rue. Ils sont venus à l'université. (...) Mais on n'a pas fait des choses seulement à l'université, mais aussi chez nous au « Kinderladen », avec des femmes qui travaillaient à la chaîne, des voisines... Et on a commencé à faire des choses ensemble. Et on a rêvé. Oh ! Les rêves ! Ce sentiment de puissance ! On pouvait tout changer. Mais je crains bien que là-dedans il y avait déjà cette grande efficacité allemande...

- À ce moment-là, il y avait déjà des gens que l'on retrouvera dans la lutte armée ?
- Oui, absolument. Par exemple Ulrike qui s'occupait de filles qui étaient dans une sorte de DDASS, tandis que moi je m'occupais de jeunes prisonniers, et d'autres qui s'occupaient de tas de gens qui étaient dans la merde (...). Les premiers articles d'Ulrike dans *Konkret* étaient très bien faits, très politiques, rêveurs aussi. Mais elle était toujours un peu à côté, elle n'a pas fait partie de ce groupe qui était toujours ensemble comme Bommi Bauman, Ralf Rainers... Bref tous ceux qui plus tard sont allés soit dans le 2 juin soit dans la RAF ; soit nulle part. En tout cas, c'était tous des gens qui se sont amusés à faire des actions. Par exemple, on avait un sénateur qui voulait introduire des règlements très strictes à l'université et on voulait faire quelque chose de spectaculaire. On voulait mettre un cocktail Molotov dans son bureau. Alors on a récupéré une grande échelle, et voilà on est monté *(éclats de rires)*... Le premier avait le marteau, le deuxième le cocktail Molotov et le troisième les allumettes. Ah ! On était bien organisé !... Et le premier avec son marteau, quand il a voulu casser la vitre, pas possible. Il s'est retourné et il a crié « Verre blindé !». Alors on est redescendu. On a rigolé comme des fous. Et puis une autre. C'était après le putsch en Grèce, alors là, on a

carrément voulu brûler l'ambassade ! C'était très dur, c'était surveillé. On a mis trois jours à surveiller ça très bien pour être absolument sûr qu'il n'y aurait personne dedans, pas de femmes de ménage, pas de surveillant de nuit ou quelqu'un comme ça, et on avait très peu de temps entre les rondes. On s'est approché et on a lancé les cocktails Molotov ; rien à faire. Alors, avec un seau d'enfant et un tuyau on a pris de l'essence dans notre voiture et on a mis ça dans le conduit d'aération ; et puis on a brûlé une chaussure et on l'a mise dans le conduit. Pour finalement avoir notre feu !

- C'était avant les premières actions de la RAF ?
- Non, c'était à peu près parallèle. Certains s'étaient déjà décidés et il y avait les premières discussions un peu partout. La RAF s'est créée en même temps que les groupes léninistes, et moi, pendant un petit moment, j'ai fait partie des marxistes léninistes, parce que dans ma tête je me disais « on a raté l'occasion historique de changer vraiment ; nous ne sommes que des rigolos, il faut fraterniser avec toute la classe ouvrière », sans me rendre compte que eux, ils ne voulaient rien savoir de nous. À l'époque j'ai vraiment cru qu'il fallait être sérieux ; comme mon père était anarchiste, j'avais ça dans le sang, et vraiment je me suis éclatée de joie à faire des trucs complètement aberrants, fantaisistes, mais pour une fois j'ai eu envie d'être sérieuse, mais ça n'a pas duré longtemps ! Je suis restée quelques mois et je me suis fait virée ! (…). Je me rappelle comme si c'était aujourd'hui, quand j'étais en face d'Ulrike, essayant de la convaincre de se joindre à nous *(rires)…*

- Et qu'est-ce qu'elle disait ?
- Elle n'a pas dit grand chose ! Elle me regardait comme une mère regarde son enfant qu'elle trouve un peu débile. Finalement, je me suis rendu compte qu'elle était beaucoup plus marxiste-léniniste que moi. Je ne voulais pas le savoir,

je ne pouvais pas le croire, mais c'est absolument sûr.

- Tu n'as jamais été tentée d'entrer à la RAF ?
- Ah ! Non. Jamais !
- La question ne s'est jamais posée ni pour eux ni pour toi?
- Si, au début on a discuté ensemble, mais déjà, là, il y avait une certaine hiérarchie. Déjà à cette époque, ils ont expliqué leur point de vue sur la clandestinité, la lutte armée, et tout leur règlement de clandestins. Je ne sais pas où ils ont trouvé tout ça !...

... Ils ont beaucoup lu tout ce qui avait été écrit dans la résistance au fascisme. Là, d'accord la clandestinité s'imposait. Mais eux, sans critique, ils ont repris les mêmes cadres, et pour moi c'était ridicule. Je me rappelle d'une discussion avec Ulrike, Gudrun, Marianne (Herzog) et deux autres. On discutait et je ne sais pas comment on est arrivé sur l'anarchisme et la Guerre d'Espagne... Et j'ai commencé à expliquer mon point de vue sur une organisation : pour moi, une « organisation » c'était pas d'organisation. C'était des petits groupes qui se connaissent bien, où règne la confiance, et mon rêve, c'était un peu comme les bandits du 18ème siècle. Et j'ai proposé que lorsque quelqu'un avait une idée pour une action, il la soumette au groupe et que si l'idée est acceptée c'est lui qui est le chef. Il est le chef du commando, et après l'action on est tous égaux. Voilà. « Pas question ! »... Je me rappelle aujourd'hui comment Ulrike était folle de rage... Alors, j'ai dit à Ulrike, « Écoute, si je dois risquer ma vie, je voudrais bien avoir la chance de discuter avant avec mes amis pour savoir si ça vaut le coup ou pas !». Je ne supporte pas l'idée que quelqu'un vienne en me disant « Tu vas risquer ta vie » sans en savoir plus. Ça c'est exclu. Et voilà ! Elle ne voulait plus de moi ! De toute façon elle était fâchée.

Et quand ils sont vraiment partis[36], cela a fait que nous, les gens qui étions contre, on s'est senti mal dans notre peau ; parce que tout de suite il y a eu la chasse ouverte, et on s'est dit « Merde ! Pourquoi ils n'ont pas gardé contact avec nous ? ». À un moment donné, ils n'avaient plus personne. Ils n'avaient plus personne pour les héberger, ils étaient complètement coupés de la vie sociale. Je crois que ça vient de là, que peu à peu leurs idées se sont coupées de la réalité. Et que finalement la deuxième génération a complètement plongé dans la violence débile. /.../ Mais c'est vrai, j'ai hésité un peu. On vivait dans un rêve complet. On vivait coupé de la réalité. /.../

> « On communique en langage codé, c'est tout un monde. On rejoue à la Résistance, sauf que dans la Résistance ils trouvaient leur légitimité à Londres, quelque part... Ce n'est pas le cas avec les terroristes aujourd'hui »,
> Dr Dubec.

Au début, il y avait beaucoup de gens comme Bommi avec qui on faisait des trucs marrants, mais on s'est enfoncé dans le sinistre, dans cette fameuse efficacité, dans les discussions. J'en avais marre. J'en pouvais plus. J'en avais ras le bol de ces sermons moraux, des trucs lourds /.../.

---

[36] « Parti » = parti dans la clandestinité, et d'une certaine manière disparu.

- C'est parce que tu ne voulais pas du pouvoir, pas de la peur que finalement tu n'as pas...
- C'est ça, exactement. Nous, on voulait le contraire. On voulait en finir une fois pour toutes avec cette peur atroce qu'ont les gens. Ils ont peur de tout et c'est la cause des atrocités qui se font dans le monde de tous les côtés.
- Tous ces destins qui se croisent, toute cette fragilité... On a l'impression que si l'un ou l'autre n'avait pas été là, il n'y aurait pas eu de RAF ?
- Oui, c'est vrai. Je sais bien comment le hasard fait les choses - même si le hasard n'existe pas. On tombe sur quelqu'un et tout d'un coup, on se sent compris. On part, on fait des choses auxquelles on n'aurait jamais pensé avant. D'accord, on a eu des fantasmes mais sans jamais avoir eu l'idée de les faire avant.
- Comme un coup de foudre ?
- Oui, toutes les idées étaient dans l'air, mais ce sont eux qui sont partis et c'est tout. Il faut être honnête. Qu'est-ce qu'attend une femme de notre temps de la vie ?... C'est vite fait. On passe vite. Et qu'est-ce qui reste ?... Qu'est-ce qui reste à faire ?... Quelque chose d'extraordinaire, quelque chose qui...
- Tout sauf l'ennui ?
- Voilà ! Voilà ! Elles cherchent un homme toute leur vie, elles en changent. Mais ce n'est pas ça ! (...) Ulrike n'avait pas seulement les idées, pas seulement le courage, mais aussi l'élan. Au 2 juin, ils ont fait des choses géniales : une fois après un hold-up ils ont laissé des chocolats et des bonbons avec un petit mot disant « Pour le choc ». La RAF, elle, n'a jamais fait de choses drôles.
/.../
La haine est une motivation comme une autre, valable. Elle fait partie de la nature humaine, comme l'amour. On ne peut

pas condamner la haine. Et j'ai beaucoup d'estime pour les gens qui agissent par la haine. Parce que…. Parce que…. Je n'ai pas de raison. Parce que je sais que les gens qui sont capables d'une telle haine sont capables d'un tel amour aussi.

/…/

Au bout d'un moment, il y a eu le grand silence (de la part des intellectuels et autres), alors, les jeunes qui sont partis là-dedans, c'était,… c'était un peu leur dernière chance de s'exprimer. Et c'est la faute de tout un spectre de la gauche qui les a laissés partir. Parce que en réalité on a dit des choses, et on était dans le camp de la bourgeoisie, complètement. Alors, tous ces gens avec leur haine, avec leur besoin de vengeance, leur désespoir… ils sont partis pour vivre leur courage, ce qui leur restait ; tout ce qui reste, le rêve. C'était une période noire, tellement noire, en 77. Même moi, je ne me sentais pas chez moi, ni dans ce camp-là ni dans l'autre camp et il n'y avait rien entre les deux. C'est à ce moment-là que je suis partie dans ce petit groupe farfelu comme moi. Pour vivre au moins autre chose que la résignation.

- Des gens de la RAF sont venus du pacifisme, Gudrun, Raspe… C'était le Vietnam…
- Oui, au début on était contre la guerre au Vietnam, et après on était pour le Vietnam. C'est cette guerre qui a fait Ulrike Meinhof et les autres, parce qu'ils ont choisi d'être activement contre (…). Dans ce contexte, on a dit « heureusement qu'il y a au moins quelques Allemands qui sont partis pour se battre et qui ne restent pas à ne rien faire ». On était fier d'eux. Faut pas l'oublier.
- N'empêche !… Lorsqu'on relit leur discours aujourd'hui ça ne passe plus. Il y a comme un hiatus…
- Oui… On était dans l'après 68, dans l'échec. Mais peut-être les Français peuvent se contenter de comprendre que

c'était un échec, mais pas les Allemands. Les Allemands, ils fonctionnent autrement. Et qu'est-ce qu'on fait quand on est Allemand et qu'on a vécu un échec comme ça ?... On part tout de suite dans l'analyse. Et eux (la RAF) justement ont fait les premières analyses de l'impérialisme concrétisées sur le rôle de l'Allemagne, dans le contexte du fascisme et du rôle historique de l'Allemagne. C'est de là que vient ce discours complètement sec. C'était tout de même un essai d'aller plus loin et de voir plus clair. Mais malheureusement... On s'est perdu dans cette analyse parce que la grande bataille entre la révolution et l'impérialisme était perdue d'avance. Le problème n'était plus ça. Il y avait d'autres champs de bataille. Par exemple, ils ont complètement raté dans leur analyse le rôle de l'État. Maintenant on le voit bien. C'était une tentative. Et ils étaient seuls. Nous, on était ensemble. On faisait des réunions à la fac ou ailleurs. Et eux ils étaient un petit groupe autour d'une petite table à essayer de faire quelque chose d'intelligent. Mais ils étaient seulement cinq ou six. Ce n'était pas possible.
/.../
Au début, ils se sont compris comme l'avant-garde de la classe ouvrière, ça a été la grande tristesse d'être rejeté (...). Ils sont partis d'un contexte historique et ils l'ont perdu sans s'en rendre compte. Dans un certain sens, l'histoire a justifié un peu la RAF : la rage, la terreur avec laquelle ils ont été menacés et tués finalement, montre bien qu'ils n'avaient pas tort de dire « cet État est fasciste ».

« Dans ce qu'elles disent de la cohésion groupale, il y a quelque chose qui est retrouvé, qui est de l'ordre de l'étayage vital »,
Dominique Clerc.

2. LA CLANDESTINITÉ

« La clandestinité, c'est un saut total dans l'imaginaire »,
Dr Dubec.

« La clandestinité, c'est un monde pur. Qui suppose la rupture de tous les liens, si tant est qu'ils aient existé »,
Dominique Clerc.

« Dans le terrorisme, il y a une opposition fondamentale, probablement, entre ceux qui sont clandestins et ceux qui ne le sont pas »,
Dr Dubec.

Astrid Proll

- ... C'est tellement absurde de mener un groupe à la lutte armée !... Mais au moment où nous avons décidé d'être violents, contre des choses et des hommes, c'était

l'expression de nos discussions. Nous avions eu des discussions avec les Tupamaros berlinois... Nous l'avons toujours discuté, mais je ne me souviens plus en quels termes.
/..../
Les Tupamaros à Berlin et puis le 2 juin avaient leurs milieux bien spécifiques, et une conception bien plus transparente que celle de la RAF. La conception de la RAF était très abstraite. Elle préconisait un changement complet de toute la vie. C'est-à-dire l'illégalité, et le retour dans le monde bourgeois. Il fallait se séparer de tout, même de son milieu, qui tenait notre vie. Il fallait se séparer complètement pour montrer qu'on avait décidé, qu'on avait vraiment décidé d'entamer un processus illégal, de devenir illégal dans le sens fort du terme, c'est-à-dire se séparer vraiment de tout ce qu'on était, de ce qu'on avait été avant, pour pouvoir opérer. Certains étaient beaucoup plus décidés que d'autres à lutter. On pourrait même dire qu'il y avait une concurrence entre les gens pour savoir qui était le plus décidé. Par rapport aux Tupamaros et au 2 juin, la RAF a dès le début voulu être professionnelle, ou en tout cas se l'imaginer. Par exemple le groupe de Bommi était beaucoup plus dans la situation de survivre, plus transparent, plus collé au milieu culturel, et en même temps plus risqué. Mais la RAF avait la prétention d'être professionnelle. Par exemple : on ne prend pas des jeunes de moins de vingt ans, on ne prend pas d'idiots...

On était très élitiste parce qu'on mettait le pied sur une terre toute nouvelle... On avait une devise « ma vie a commencé le jour où je me suis politisé » ; déjà c'était bizarre, ça voulait dire qu'on avait éliminé la vie qu'on avait eue avant. Dans la RAF, on voulait être l'avant-garde, alors on coupait tout et on s'installait dans des quartiers bourgeois, même si on venait d'une culture qui refusait ça. Et là, hommes et femmes devaient faire ce pas en même temps de la même manière, d'une façon écrasante, tant pour les hommes que pour les femmes... En revanche, Bommi il est resté toujours dans le même milieu, il y est toujours d'ailleurs. Tandis que nous, la RAF, nous avions pour seul substrat, le groupe ; le groupe qui était la caisse de résonance. Par exemple, on était deux personnes dans un appartement illégal à Stuttgart, et l'on n'avait que le groupe pour parler, parce que c'était beaucoup trop dangereux. Et ça, cette situation d'être pris par l'illégalité, par le groupe seulement, c'était pareil pour les hommes ou pour les femmes... À l'époque, l'idéal c'était d'être pauvre, de n'avoir rien, et on l'était parce qu'on était jeune, donc on portait des vêtements « outfit »[37] de militants, des jeans et des pulls sales, et ceux qui étaient dans l'illégalité durent donc se déguiser, c'est-à-dire s'acheter des vêtements pour pouvoir louer des appartements, des voitures et toute cette logistique. Il fallait tout d'un coup que chacun se souvienne de son rôle bourgeois, qu'on avait laissé bien sûr. C'était très bizarre, avant je ne portais que des pantalons... À l'époque les pantalons en cuir étaient à la mode. On portait des vêtements qui étaient à la mode et chers, des vêtements que le milieu n'aurait jamais pu s'offrir. Il fallait s'habiller autrement que le milieu, se déguiser comme le milieu n'aurait jamais pu le faire. Et on s'est trouvé dans cette situation : on se retrouvait dans de grands appartements, on arrivait tous déguisés et on voyait qu'on avait des jeans dessous ! *(rires)*.

> *« On passe d'abord en clandestinité, on vit en groupe, on porte son arme. Et puis après, à la limite, on voit ce qu'on fait. Il y a*

---

[37] Tenue vestimentaire hors conventions.

quasiment l'entrée en religion d'abord, et après on fait partie du groupe, et en effet, on n'est pas vraiment sujet de sa destinée », Dominique Clerc.

- Et quand tu sortais dans la rue, tu te sentais comment sous le regard des autres ?... Tu étais quelqu'un d'autre ?
- Je ne peux pas très bien le dire, mais en général on était tous des fils de bourgeois, et on se servait des images de la sécurité bourgeoise, on se servait de cette vie au début du groupe ; et on fantasmait ce que signifiait la sécurité de la vie bourgeoise. On ne menait pas une vie normale. Aujourd'hui les gens le font d'une manière beaucoup plus intelligente. Mais nous, il fallait faire semblant. C'est-à-dire, d'un côté on était en sécurité, et de l'autre il fallait compenser. On compensait beaucoup. On s'achetait des voitures très chères et tout ça, que des choses qui ne correspondaient pas à la réalité... Des gens aimaient avoir des cravates ou avoir de belles voitures, d'autres se sentaient mieux dans la peau du prolétaire... On avait des désirs qu'on réalisait. Ce qui était important, c'est que des gens faisaient de réels efforts pour avoir ou pour vivre ces désirs. Il se passait des choses bizarres. On rencontrait des gens dans la rue qu'on connaissait d'avant et qui ne voulaient plus nous connaître, qui ne voulaient plus rien savoir de nous. Et d'autres d'un coup qui disparaissaient dans l'illégalité. Tout cela était très bizarre... C'était une grande contradiction.

- Il y a beaucoup de jeu dans tout cela, non ?
- Au début oui. Ca a duré environ six mois. Tout était pensé pour la sécurité. Il fallait se mêler dans des quartiers où l'on pensait que la police ne nous chercherait pas. Tout était

conditionné par le besoin de sécurité. On se sentait en sécurité dans les modèles bourgeois, on le croyait. Ca a duré quatre, cinq mois. Après on a eu toute la logistique qu'il fallait... Non, le mot « jeu » ne va pas dans ce contexte. C'était très sérieux.
- Mais il y a des jeux sérieux.
- Si tu parlais avec Bommi Baumann, lui, il pourrait peut-être te parler d'un jeu. Pour eux, ça l'était sans doute, mais pour nous pas du tout. Le 2 juin a toujours critiqué la RAF lui reprochant d'en faire trop. Nous, on a toujours essayé d'avoir des appartements, de vivre chez des amis bourgeois libéraux, on discutait avec eux, mais c'était un autre milieu, on était toujours à côté. Cela nous obligeait à vivre une autre réalité. Le mot « jeu » ne va pas.

> *« ... Un jeu qui est fermé sur lui-même. (...) Quel est ce désir absolu de maintenir l'extérieur à l'extérieur ? comme dangereux, comme violent, comme s'il y avait une impossibilité à mettre sa propre violence à soi, interne, en connexion avec le monde extérieur. Comme s'il n'y avait pas de composition possible de sa propre violence avec le monde extérieur, dans une incapacité à la poser dehors et à la regarder »*, Dominique Clerc.

- L'arme était le signe d'un engagement extrême, d'un engagement dans l'illégalité ?

- Non, pas dans l'illégalité, mais de la lutte, de la violence... Contre la police. L'illégalité a d'autres symboles, d'autres expressions, mais pas l'arme.
- Comme quoi ?
- Des appartements vides... Toujours changer de domicile. Ne pas savoir où dormir. Le sentiment de ne pas savoir où être, où être lié. Ne pas savoir où loger, laisser des appartements...
- Les appartements étaient vides...
- Juste un mobilier de secours... Des appartements dans des immeubles où l'on n'aurait jamais aimé habiter. Il ne s'agissait pas d'habiter quelque part, mais de dormir quelque part, de se réunir quelque part. Ce n'était pas des maisons, et vraiment on ne voulait pas vivre dans des immeubles comme ça. Ce n'était pas possible. L'illégalité, c'est cacher son visage en permanence, c'est faire semblant d'être quelqu'un d'autre, c'est se déguiser, avoir peur d'être arrêté, d'être reconnu. Et moi, j'ai été arrêtée avant qu'il y ait la première affiche de recherche ! L'illégalité, c'est lutter pour garder une place dans un monde qui n'existe pas. *(Fin des entretiens avec Astrid).*

> *« Quand il y a cette répétition « Il faut entrer dans l'illégalité pour être terroriste », avant coup, il y a ici un enjeu pour faire exister quelque chose qui n'existe pas. Et qui fait que l'identité est complètement à sa recherche »,* Dominique Clerc.

Katharina de Fries

- Baader, après son évasion de la bibliothèque, a évidemment été contraint à la clandestinité, mais pourquoi ont-ils imposé la clandestinité comme fonctionnement du groupe ?
- Je crois qu'à partir de ce moment-là, ils étaient obligés d'être clandestins. Pour eux, c'était mortel de se montrer... je ne sais. Je ne peux juger le moment historique parce que... avec d'autres j'ai vécu ce moment comme une espèce de schizophrénie, parce que je l'ai vécu avec eux dans mon cœur, et j'avais envie de les protéger en même temps que je les critiquais, seulement entre amis. Dès que la discussion était publique tout le monde défendait la RAF ; c'était comme un enfant qui a pris un chemin qui n'était pas à conseiller... Ça a été une rupture brutale. C'était pas comme le Mouvement du 2 juin où c'était des petites actions. La RAF ce n'était pas pareil. Ils ont disparu et les flics en savaient plus que nous, c'était affreux. Ça a été terrible de ne rien savoir d'eux. Et pour moi cela a été une raison de plus pour ne pas partir dans la clandestinité.
/.../
- L'État allemand n'a pas réussi à mettre dans la tête des gens de la rue qu'ils devaient détester les terroristes. Tu ne vas pas trouver des gens qui pensent qu'Ulrike Meinhof ou Gudrun Ensslin, ou n'importe qui de la RAF étaient des riens du tout, des bons à rien, des criminels. Ça n'a pas marché... Pour les gens, ce sont des terroristes parce qu'ils (en) ont peur, mais il y a toujours cette dimension qu'ils sont autrement ; ils sont, dans leur logique, acceptés. Et faut pas oublier, quand on a arrêté Meinhof, Baader et Ensslin, il y a eu cinquante et quelques pour cent de gens qui ont dit que si

quelqu'un de la RAF venait à frapper à sa porte, ils étaient prêts à l'héberger... Ils ont un certain mérite dans le souvenir des gens.
- C'était en 72...
- Oui, c'était vers 1972, après ça a vite changé.
- La clandestinité les met dans un rapport de forces terrible, seuls contre le monde...
- Dans la gauche, le traître est pire que l'ennemi. C'est comme ça que des gens de gauche se font descendre, parce qu'ils ne sont plus de leur côté. J'ai connu ça extrêmement dans les groupes marxistes-léninistes : l'ennemi n'était plus le capitalisme, c'était l'autre groupe. C'est fou, mais c'est compréhensible aussi : si quelqu'un que tu aimes dit quelque chose qui te blesse, ça vaut mille fois ce que dit quelqu'un que tu ne connais pas. C'est une famille. Tout le monde me critiquait quand j'étais à Berlin, mais quand je me suis fait arrêter à Paris, j'ai été très étonnée de l'écho que cela a eu : les intellectuels ont écrit à Mitterrand, etc. Je n'ai jamais condamné la RAF même si je les trouvais complètement aberrants. C'est ma famille.

(Les actions)
- Quand tu es devant une banque avec tes copains, là, tu es vraiment avec eux. Quand je pense qu'on rentrait avec nos petits pistolets à gaz et qu'on disait « Le fric ! ». Il y a eu des scènes qu'on ne peut imaginer !... Quand tu dois convaincre ta propre peur, et en même temps..., et à côté de toi il y a un copain qui voit que tu commences à trembler, alors il te prend dans ses bras et il te dit « Ce n'est pas grave, on va sortir dans une minute et demie ». Et on sort et on éclate de joie. Il y a dans tout cela un sentiment de justice profonde.

Quand on rentrait dans une banque et qu'on voyait la peur dans les regards des clients, on essayait de les calmer, on

leur racontait des blagues pour les faire rire, et tout d'un coup il y avait une ambiance de complicité. On ne le croit pas, mais tout le monde a envie de ça, d'en être capable, tout d'un coup les gens sont de ton côté... C'est comme le 2 juin qui pendant un hold-up a distribué des petits gâteaux, et tout le monde les a mangés ensemble avant de partir. Ils ont pris le temps d'expliquer à tout le monde pourquoi ils faisaient ça. Il y a eu une ambiance extraordinaire.
- Cette fascination, cette complicité que vous avez rencontrée est un peu de celle qu'inspire le bandit d'honneur, non ?
- Exactement ! C'était toujours comme ça !... Il faut être honnête, ne pas se soumettre à une société injuste, et si tu fais quelque chose dans ce sens-là il y a une fascination énorme, c'est vrai.

/..../
- Là où j'ai eu de la chance - quand je pense à Ulrike et aux gens de la RAF - c'est qu'ils étaient coupés de tout cela. Ils n'avaient pas d'expériences comme ça, ils n'avaient pas cette vie amusante, ils ne pouvaient plus rigoler. Et c'est là où ça dégénère... Au bout d'un moment ils n'avaient plus le choix. Ils n'avaient plus le choix de sortir de la clandestinité... Pour nous, c'était très important de faire quelque chose et puis de quitter le groupe pour faire autre chose. Eux, ils étaient condamnés à rester entre eux, ensemble, à continuer. Ça aussi c'est dur. Moi, j'étais toujours libre de ma décision, je pouvais dire à tout moment, maintenant, j'écris un bouquin, j'élève mon enfant ou autre chose, c'est terminé. Eux, ils étaient dans un piège tragique... Toute cette connerie de dire lorsque quelqu'un veut partir que c'est un traître, c'est devenu un problème pour eux. Il y a chez eux ce côté sombre, sinistre, « fascistoïde ». On ne peut parler de la liberté et en même temps faire ça aux gens. /..../

« *Cette espèce de culpabilité empruntée, empruntée à l'autre. Faire exister la culpabilité de l'autre.... Dans cette histoire d'entrer dans l'illégalité, on a l'impression qu'il y a une sorte de culpabilité qui fonctionne en sous-main et qui n'a pas de raison d'être. C'est comme si on pouvait imaginer qu'il y a une faute tellement inconnue... L'illégalité par avance, la clandestinité par avance - en tout cas pour les fondateurs car les autres arrivent dans quelque chose - ériger la clandestinité comme principe fondateur de la chose, qui d'une certaine manière reproduit ce qui existait avant.... Qu'est ce que ce besoin d'aller assumer la culpabilité d'un peuple ? »*, Dominique Clerc.

- Je crois que les gens, hommes ou femmes, qui se mettent dans une organisation avec tout ce que cela signifie, là, la personnalité se perd. Il y a cette volonté d'abandonner une partie de soi-même, parce que sinon, on ne peut pas entrer dans une organisation... Car, toutes ces organisations sont quelque chose de masculin. Il n'y a que les hommes pour inventer le militaire. La hiérarchie, tout ça, ce n'est pas un truc de femmes, ce n'est pas possible. Nous les femmes, on

vit encore en groupe comme les singes, on est libre... Personne ne prend le pouvoir pour dire « Toi tu as raison, toi tu as tort ». Ça n'existe pas.
- Mais alors, si les femmes vivent organisées comme les singes, comment la RAF a-t-elle pu accueillir autant de femmes ?
- C'est là où ça devient redoutable. Ce savoir, ce pouvoir de la femme, qui se marie avec l'ordre, c'est redoutable. Enfin... c'est destructif aussi. Aucune femme n'a survécu. Soit elles sont mortes, soit elles ont changé au point de ... de... je ne sais pas.
- Alors qu'Ulrike a parlé de la lutte armée comme étant la voie pour trouver son identité...
- Elle en est le meilleur exemple, elle s'est suicidée ! Au moment où elle a compris que ce n'était pas ça. Au début, elle a dit aussi - et là elle avait raison, « l'individu ne peut exister que par le collectif ».
- Ils ont fait le contraire.
- Et elle a fait le contraire ! Voilà, c'est ça. C'est sa grande contradiction. (...) Ils s'échappaient du dialogue, ils s'échappaient de la relation, ils évitaient de se connaître, de partager quelque chose. C'était impossible, c'était un discours complètement abstrait. Marx a dit ceci..., Lénine a dit cela..., cette manie d'éduquer quelqu'un par le discours ! C'est insupportable. Dans notre société, tout le monde veut être éduqué, ils ont fait pareil.
/.../
- J'ai beaucoup parlé avec eux. Tu parles tranquillement, et tout d'un coup, ils se mettent en colère et tu ne sais pas ce qui t'arrive. Par exemple, sur des choses comme tu m'as demandé tout à l'heure, « comment tu te sentais à ce moment-là ? », ça, c'est une question qu'on ne peut pas poser. Je me rappelle - c'était un type - j'ai osé lui demander « comment c'était pour toi à ce moment-là ? ». « Tu te prends pour qui toi ?... Ca ne te regarde pas ! ». Plaf !... Il

était furieux. Et alors on ne comprend plus rien... Je crois que c'est la peur de se laisser aller dans un espace intime. Ça m'est arrivé assez souvent. Avec des amis que j'aimais bien qui ont commencé à me parler amicalement et qui tout d'un coup se rendaient compte qu'ils étaient allés trop loin ou, je ne sais pas, qu'ils étaient sortis de leur rôle ?... (...) Une fois un ami qui avait été en taule pour avoir appartenu à la RAF a débarqué chez moi avec un ami et on a mangé ensemble. On a parlé et j'ai commencé à poser des questions pour savoir. Et tout à coup il m'a accusée, mais vraiment accusée ! en me disant que je lui posais des questions comme un flic. Ça m'a coupé le souffle. C'est peut-être aussi une certaine sensibilité... Le fait qu'ils sont déracinés, qu'ils ne sont plus capables de s'approcher de quelqu'un sans peur. Je me rappelle, j'étais avec un copain, on était ensemble dans cette communauté, et moi j'étais quelqu'un d'indépendant dans ce groupe, je me baladais dans tous les domaines. Et un jour, il m'a reproché justement ça en disant « Si tu n'es pas dans la même merde que nous, si tu ne t'isoles pas comme moi je le fais, tu ne vas jamais comprendre. Il y a un mur entre toi et les autres parce que tu te balades, parce que si ça ne va pas, tu peux partir chez d'autres gens, tes amis, ta famille... Tandis que nous, nous n'avons plus personne ». Il me reprochait ça. C'est étrange comme je me souviens de tout cela tout d'un coup, tout cet isolement, toute cette solitude, c'est quelque chose de grave. Et on arrive comme lui à ce point de n'avoir plus autour de soi que d'autres qui ne sont pas libres. On n'a plus confiance.

- La RAF t'a-t-elle donné un rêve ?
- Peut-être au début. Mais ils sont partis avec le rêve de tout le monde dans le sac à dos, avec notre rêve. Et ce rêve-là s'est usé. Ce n'est pas une chose qui reste intacte comme une pierre. C'est quelque chose qui s'efface si on ne fait rien de vivant. En plus, il y a une chose qui à mon avis est très

importante, je crois ; quand on est parti pour une utopie, pour un rêve, il faut l'anticiper, il faut au moins vivre une toute petite partie de ce rêve tous les jours, ou on est perdu. On ne peut pas vivre dans la réalité ici, et dans le rêve là-bas. Sinon, c'est une religion, c'est le ciel après la vie.
- Ils se sont retrouvés tout seuls...
- Ouais... On ne voulait pas la révolution, on voulait changer le quotidien. Une vie, c'est tellement dur ! Tellement dur sans plaisir. Les gens qui refusent de rire ne peuvent prétendre construire un nouveau monde. Ça, c'est hors de question. Ça ne peut être triste. Il faut s'en méfier.
- C'est là où la RAF a raté quelque chose avec l'extrême gauche ?
- ... La fascination du discours, la fascination aussi de la restriction, de la pureté, de la discipline, de tout ce qui touche à l'extrême droite. Il y a une fascination là-dedans. Avec le fascisme, personne ne rigolait, mais il n'empêche que ça marchait. Il y a une fascination du sombre, du sinistre. ... C'est l'organisation, n'importe quelle organisation, qui étouffe tout, la vie.
/.../
À l'époque où j'allais aux réunions pour discuter de telle ou telle chose, j'y allais parce que croyais comme tout le monde qu'il fallait discuter, mais je me suis mise à avoir des eczémas, et de plus en plus ! À la fin, c'était vraiment grave, j'entrais et je commençais à me gratter, et au bout de dix minutes j'étais rouge partout et pleine de boutons. Et quand au bout d'un moment les phrases commençaient à se répéter. Tout leur discours !... Alors là ! Ça devenait insupportable. C'était ce groupe marxiste - léniniste. J'ai l'impression d'être un vieux modèle qui ne supporte plus le discours. Les jeunes, eux, ils s'en moquent. Ils les supportent comme les séries bêtes à la télé. On les supporte parce qu'il n'y a rien d'autre. On s'adapte. *(Fin des entretiens avec Katharina).*

Bommi Baumann,

- Il y avait beaucoup de femmes de milieux aisés qui nous soutenaient lorsque nous étions recherchés. On pouvait aller chez elles pour bavarder d'un film ou de n'importe quoi. Ça c'était important à l'époque. Car au moment où tu n'as plus que des relations fonctionnelles dans une situation où tu es illégal, tu deviens dingue. Tu deviens dingue, parce que tu n'as que des relations en fonction du besoin politique... C'est pour ça que c'était très agréable de connaître des femmes chez qui aller en simple visiteur, sans parler de politique, ni d'idéologie, d'actions ou autre. On regardait la télé ensemble ou n'importe quoi. C'était très important dans l'illégalité.

Christiane Ensslin, Klaus Jünschke, et A

- A : La lutte armée, c'était la libération des prisonniers de la RAF. Ils allaient très mal, ils souffraient beaucoup...
- VF : D'accord... Mais de là à entrer dans un groupe armé comme la RAF... Qu'est-ce que cela signifiait pour toi que d'avoir une arme ?
- A : On ne peut pas généraliser l'importance de l'arme.
- KJ : Tout de même !... Baader nous montrait son arme en réunion et tout le monde voulait la voir, la toucher !
- A: J'ai toujours évité de m'en servir. /.../ Je travaillais au bureau de Klaus Croissant, on recevait des lettres des prisonniers confrontés à la souffrance, des lettres des frères, des mères... qui disaient qu'ils allaient très mal. Il y avait des luttes, en vain. Il y avait des grèves de la faim, en vain. Et puis Holger Meins est mort.

- VF : D'accord, mais il y avait des comités qui soutenaient les prisonniers et avec lesquels tu aurais pu militer... Alors pourquoi avoir choisi la lutte armée ?
- A: Oui, ils existaient parallèlement. Le bureau de Klaus Croissant intervenait pour la défense des prisonniers et contre la torture (...). À l'époque, c'est vrai, ça ne me suffisait pas. Aujourd'hui je le vois autrement.
- VF : Qu'en penses-tu aujourd'hui ?
- A : C'est trop difficile, laissons cela pour l'instant (...). Les prisonniers étaient la motivation fondamentale, mais ma situation privée était sans doute aussi importante... J'avais un enfant, un mari, un mariage détruit, et en plus j'avais le désir calme d'avoir une famille. Et dans le procès, ils disaient « Nous sommes un collectif ». Ils disaient sans doute cela pour rendre la politique attractive... Pour moi, je voyais la politique comme un centre où je pouvais être prise en charge.
- CE : Gudrun disait « la famille ».
- KJ : Dans les procès, quand un juge demandait « Avez-vous une famille ? », ils répondaient « Ma famille, c'est la RAF ». « Et des frères ?... Des sœurs ?... », ils répondaient « Ma famille c'est la RAF ».
- CE : C'est une contradiction, c'est un concept complètement bourgeois. À moins qu'il ne s'agisse de frères et de sœurs religieux.
- A : L'expérience du tiers-monde était importante, il y avait là-bas des familles fortes, étendues et unies.
- KJ : Lorsque Meinhof est morte, un juge a dit en public qu'elle avait été brisée par les autres membres de la RAF. Et Raspe a déclaré « Si jamais elle s'était suicidée, elle l'aurait dit à Andreas parce que c'était un frère ».
- VF : Tu es passée d'une famille à une autre ?...
- A : Ce n'était pas conscient. Naturellement mon gosse m'a empêchée pendant deux ans d'entrer dans la RAF, mais la

RAF trouve toujours de bonnes raisons pour qu'on laisse les gosses.
- CE : Et elle le fait. Andreas avait une fille, Suzanna ; Gudrun, Meinhof, Grashof et d'autres avaient des enfants.
- VF : Qu'as-tu fait de l'enfant ?
- A : Maintenant je suis bloquée.

Pour détendre l'atmosphère Klaus propose de raconter une anecdote qui lui est arrivée ; il était à l'époque au SPK, à Heidelberg, et des gens, dont des femmes, étaient partis à la RAF. Un jour, il rencontre Margrit Schiller dans la rue. *« Elle était très grande, forte, avec une perruque. On s'est parlé, on a marché en bavardant et elle m'a dit « Viens à Francfort, ils voudraient te connaître ».* Klaus s'est rasé, a mis une cravate et une chemise blanche pour faire bourgeois. *« Je suis d'abord allé à Strasbourg pour voir si on me suivait. Personne ne me suivait, alors je suis parti à Francfort. Il n'y avait personne au rendez-vous. On m'a donné un autre rendez-vous, dans un café. Je suis arrivé avec un journal de droite sous le bras, et j'ai trouvé Holger Meins et Raspe en train de manger des glaces !».*

- VF : Quelles raisons invoquait la RAF pour laisser les enfants ?
- A : La RAF ne parlait jamais de ça. Il fallait penser à tous les enfants du monde... Il y avait des moments où j'avais peur pour mon enfant, et aussi pour celui d'un autre membre de la RAF, et je me disais, « Qu'est-ce qu'ils vont en faire ?... Ils vont le mettre dans un foyer ?... », et les autres répondaient « T'en fais pas, sois tranquille ! On les libèrera ».
- KJ : On a eu des discussions sur le sujet. Moi, je proposais de les rassembler dans une maison pour eux. On a essayé, et puis non. Un militant révolutionnaire ne pouvait pas faire ça. Et puis cette maison aurait pu être l'objet d'agressions de la

part de la droite... C'était après l'attentat contre l'enfant de Gudrun[38].
- A : Le plus grave, c'est que maintenant, les enfants ne pourront plus faire de choix politique.
- CE : Je ne suis pas d'accord !
- A : Mon gosse s'est beaucoup opposé à moi. « La RAF a pris ma mère ! », disait-il. Il avait sept ans.
- VF : Concrètement, comment es-tu entrée dans la RAF ?
- A : Ce n'est pas important. Celui qui veut trouve son chemin.
- KJ : Ce n'est pas une décision que l'on prend en un jour. Des gens que l'on connaissait nous disaient « On a besoin de toi... Que tu fasses ceci..., ou cela ». Pendant six mois, j'ai fait des achats, cherché des appartements pour eux. Après, j'étais dedans ! ».
- A : C'est une évolution. D'un côté la RAF veut que tu fasses quelque chose, de l'autre la police te contrôle et te poursuit : tu es pris entre deux bras qui te soumettent à une grande pression.
- VF : As-tu connu des moments où tu t'es sentie dépassée par les actions ?
- A: Oui, mais il y avait une période d'activité préparatoire. De toute façon on risquait quelque chose.
- KJ : On commence par soutenir un comité, par soutenir la RAF pour lutter pour des conditions plus humaines, sans pour autant approuver la politique de la RAF, et pour la police on devient un sympathisant.
- VF : Il y avait eu la répression policière, les militants abattus : Petra Schelm, von Rauch... Tu savais que tu prenais de gros risques...
- A : Vivre la vie ou la mort, j'y ai seulement réfléchi en prison. Avant, c'était une tension permanente, on n'avait pas

---

[38] Le jeune garçon de Gudrun Ensslin fut victime d'un individu qui, l'ayant reconnu comme étant le fils d'un membre de la RAF, l'aspergea d'un acide, attentat dont l'enfant sortit grièvement brûlé.

le temps de réfléchir ni de s'affliger. Dans la RAF, la vie était interdite (...). Il est très important pour moi de dire que lorsqu'on m'a pris mon arme au moment de l'arrestation, que pour moi, c'était splendide d'être désarmée. Alors que pour les hommes c'était un moment difficile. L'arme pour moi, c'était terrible, c'est lourd, j'avais des bleus sur les jambes, mes pantalons étaient trop étroits, c'était froid. Ça m'a retiré un poids sur la plan symbolique et concret aussi. Cette arme pose des problèmes. Ça pèse physiquement, au point de ne pouvoir la digérer. C'est contraire à la libération parce que ça te pèse, ça pèse sur l'âme.
- KJ : D'après Fanon, une arme libère... Mais c'est l'inverse, ça pèse lourd.
- A : Surtout à cause de ce matériel, froid. Ce n'est pas un animal en peluche.
- CE : Dans la clandestinité, tu étais plus grasse.
- A : C'est vrai. Je n'ai jamais autant bouffé que dans la clandestinité.
- KJ : D'autres ont maigri.
- A : Les réactions sont toujours individuelles.
- VF : Pourquoi, à ton avis, y avait-il tant de femmes à la RAF ?
- A : C'est vrai qu'il y avait beaucoup de femmes dans la RAF. Cette vague d'émancipation, c'était un phénomène de mode. Les femmes devaient changer. Et les hommes demandaient qu'elles changent, qu'elles se politisent, qu'elles s'engagent. C'est pour cela que j'ai fondé un groupe de femmes avant d'entrer dans la RAF, en 76. De ce groupe de femmes aucune n'est entrée dans la RAF sauf moi. Et de nouveau, ce sont les hommes qui disaient « Arrêtez ça ! Engagez-vous dans les comités contre la torture ! ». Je me reverrai toujours dans cette voiture, entourée de quatre hommes qui me disaient ça. Et je pleurais que je ne voulais pas entrer dans la RAF. C'était terrible !

/..../
- KJ : Tout ce qui a été dit de ce groupe « tendre », « solidaire », c'est faux ! Tout ce que nous avons fait est faux ! C'était une « brutalisation » si puissante... On ne pouvait plus rien contrôler. Mener une lutte armée à ce moment-là, quand la répression de l'État était si forte, ce n'est plus humain. C'est un viol ! On était fasciné par la conséquence.

Gerd Schneider

- Je vivais où ?... Je vivais en RFA dans un appartement spécial pour... avec Kristine Kuby, et puis au bout de quelques semaines j'ai vécu en RFA dans plusieurs villes différentes. Nous discutions des actions à faire ou à ne pas faire, des aspects politiques de cette prise d'otage[39]. Nous ne travaillions pas. C'était impossible dans l'illégalité. L'appartement était loué sous de faux noms et sous des apparences conspiratives. On vivait dans de grands appartements, dans de grandes maisons, ou des grands ensembles... Ce qu'on faisait ?... C'est un peu trivial. On était occupé avec son arme. On sortait. Il fallait faire tout ce que l'on fait dans la vie normale: acheter le pain, acheter le journal...

- Mais on ne sort pas acheter son pain de la même manière lorsqu'on est clandestin ?
- Il ne fallait pas y penser. Nous vivions comme sous une cloche à fromages. Il ne fallait surtout pas y penser, mais vivre, quoi !

---

[39] Hanns-Martin Schleyer, chef du patronat allemand enlevé en septembre 1977.

- Mais est-ce que la clandestinité ne grandit pas ces choses si triviales du quotidien?
- Oui, mais au début quand on est armé on n'aime pas trop se promener dans la rue. Mais on s'habitue très vite à cet état de clandestinité. Dans la rue, on s'est vite habitué à cette tension, à cet état extraordinaire. Pour le rendre normal et pouvoir le vivre. On était conscient que tout pouvait arriver d'un moment à l'autre.
- Peut-on imaginer qu'il est difficile de laisser la clandestinité à cause précisément de cette façon de vivre?
- Pour quelques personnes, c'était sans doute une façon de vivre. Pas pour moi. Cette vie dans la clandestinité était pour moi quelque chose d'extraordinaire dans le sens d'exceptionnel. Pour d'autres, en particulier ceux qui vivaient dans l'illégalité depuis des années, c'était une chose normale. Ils ne s'imaginaient pas vivre autrement. Je me souviens de quelqu'un qui disait, "après la révolution, nous porterons une arme légale!" *(grand rire)*.

« À partir de là, ils sont dans un rapport purement imaginaire à la réalité. C'est-à-dire « est-ce que je suis vu ?... Est-ce que je suis reconnu ?... Est-ce que je suis surveillé ?... Est-ce que c'est l'inverse ? ». Ils sont toujours prêts à faire n'importe quoi.... C'est-à-dire qu'on n'a plus de position sociale. On n'a plus de carte d'identité. On n'a pas d'identité », Dr Dubec

- Des femmes auraient pu dire cela?
- Oui. Des femmes qui venaient du 2 juin et qui étaient dans l'illégalité depuis longtemps, comme Inge Viett qui est dans l'illégalité depuis vingt ans.
- Pour les femmes, était-ce plus difficile ou moins difficile de vivre dans l'illégalité?
- Je crois que c'était moins difficile, car le danger d'être reconnu par un passant ou par un voisin était moins grand. Elles pouvaient changer leur apparence plus facilement, les cheveux, le maquillage, l'allure ; et puis on s'attend moins à ce que des femmes vivent dans l'illégalité. C'est pour cela aussi que c'était souvent elles qui allaient acheter les voitures ou louer les appartements, et faire toutes ces choses qui nous mettaient en relation avec l'autre monde.

- L'autre monde?
- *(Rire)* Oui, oui, l'autre monde.
- Vous aviez un mot pour désigner ces gens de l'autre monde?
- Non, pas précisément. Les expressions venaient sur le moment. Il n'y avait pas de mots précis car pour nous ils n'étaient pas intéressants. Ils étaient seulement intéressants comme danger. En fin de compte, on a différencié les deux vies : la vie bourgeoise et sale, et la vie révolutionnaire. C'était vécu. Il n'y avait pas de mots. Ce groupe illégal était un territoire libéré. Dans ce sens, c'était un autre monde.
- Libéré ?... L'illégalité comporte pourtant beaucoup de contraintes...
- Oui, c'est le paradoxe. Il y a beaucoup de contraintes. Il y a les relations entre les hommes, entre les femmes, entre les hommes et les femmes, des relations très rigides, agressives aussi. Mais parfois aussi aimables et spontanées, et finalement pas si mal que ça. Je veux dire que cette forme de vie, cette cloche à fromages, cette vie sous un danger ubiquitaire change les relations entre les gens, influence tout

de manière très subtile. Les relations sont très intenses et très proches. Trop proches. Trop, trop, proches pour agir en tant que personne. On agit comme groupe, on pense comme groupe.
- Alors qu'Ulrike a écrit que dans l'illégalité on gagne son identité ?
- Je ne sais pas comment elle a pu écrire cela. C'est une idée du collectivisme dans la gauche allemande communiste traditionnaliste. Un groupe dans l'illégalité, c'est d'abord un facteur de sécurité. Il donne la sécurité face au dehors, et aussi à la personne. Car la personne peut alors se définir comme quelqu'un qui est dans un groupe. Et le groupe transforme ses relations.

« Le groupe permet de se fondre, d'avoir un désir unique, donc de ne pas avoir de désir soi-même.
On renonce à sa position de sujet.
On pense comme un groupe.
Enfin, on n'est plus personne. La question semble être toujours de ne plus penser en tant que personne. On pense ce que le groupe pense. Un groupe peut penser en termes de discours ou d'idéologie... Mais un groupe ne pense pas !
L'illégalité donne la sécurité, c'est très étonnant ! Puisque c'est l'illégalité du groupe. Et elle donne la sécurité à la personne. Surtout parce que la personne se

définit comme quelqu'un qui est dans le groupe et non plus comme moi qui ai à me définir en tant que personne. On décide d'être dans l'illégalité sans aucune raison objective ou réelle »,
Dominique Clerc.

- L'on s'engage dans la lutte armée pour trouver son « intégrité » ?...
- Peut-être... On essaie. Peut-être cette différence entre théorie et praxis, cette différence entre cette chose qui est ferme et cette autre non, une façon de se placer dans cette catégorie remarquable qu'est la conséquence. On ressent cette intégrité à penser que l'on fait quelque chose de vrai, de juste, de correcte. Si une chose est vraie, bonne, on doit la faire. C'est une manière très problématique d'agir.
- Dans toutes les discussions autour de cette grève de la faim, il y a toujours un terme, un mot qui revient : l'identité.
- L'identité politique, et de la personne. Toutes ces réunions autour de la grève de la faim, c'est pour soutenir les prisonniers, et pour ne pas être détruit dans son identité. Lors de cette conférence de presse de Monika Berberich, on lui a demandé : « Qu'est-ce que vous voulez ?... Vous voulez continuer la lutte armée ?... ». Cette question ne se résout que par rapport à l'identité.
/.../
- Je n'ai toujours pas compris qui était « on », qui décidait...
- C'est un procédé de groupe... Finalement assez inconscient, je crois. J'ai commencé à comprendre cette dynamique de groupe beaucoup plus tard, à l'université : ce phénomène d'exclure des gens, de se fermer à l'autre monde, de former des opinions de groupes, des théories et tout ce que cela signifie pour le groupe. Ce groupe s'appelle un

groupe politico-militaire, mais il n'y a pas comme chez les militaires des liens de commandements qui peuvent structurer un groupe. C'est un groupe sans structure. Les structures s'établissent dans le dos des gens.

- Est-ce un hasard qu'ils aient décidé l'action Schleyer alors que vous étiez à Bagdad ?
- Non, ce n'était pas un hasard. Cette action a été décidée en contact avec le 7ème étage de Stammheim[40]. La décision a été prise en contact avec eux, mais pas le détournement de l'avion. Ça c'est autre chose, c'est le résultat de la connexion à Bagdad avec le FPLP. C'est Brigitte Mohnhaupt qui me l'a raconté : le 7ème étage n'était pas au courant de l'accord avec les Palestiniens. /.../ C'était une action séparée. J'ai accepté d'aller à Bagdad parce que je me promenais avec un pistolet et que je ne savais pas m'en servir (*grand rire*). Je suis allé à Bagdad pour m'entraîner, je ne me suis pas senti écarté... Car je suis arrivé dans le groupe tout d'un coup sans aucune préparation.

/.../
- On était très clos aux gens, que ce soit dans l'appartement, au supermarché ou dans la rue. On était clos à cette société qu'on voulait combattre... C'était une manière d'établir une barrière. D'une certaine manière on était normal. On se concevait comme une armée politique, comme une armée normale, comme des soldats face à l'ennemi.
- Sauf que l'ennemi c'était le monde entier...
- Oui, c'était le problème de cet habillage militaire. Le problème était de devoir rendre tout ce qui était normal anormal, d'en faire un autre monde, une chose toute autre.

---

[40] Prison de Stuttgart où étaient alors détenus Andreas Baader, Gudrun Ensslin, Jan Carl Raspe, Irmgard Möller...

« *On existe dans l'instant. Chaque instant est magnifique. Mais on n'existe pas dans l'identité. On existe à la manière du délinquant, du psychopathe, c'est-à-dire dans l'instant. Il faut passer au plus vite dans l'instant qui suit, parce que, pour qu'il y ait du sel il faut passer d'un instant à l'autre. C'est ça le problème. Vous êtes dans l'imaginaire, vous n'avez aucun statut symbolique. Si ce n'est celui renvoyé par les médias, qui est aussi imaginaire, c'est important* »,
Dr Dubec

3. LES FEMMES, LES ENFANTS

« On pourrait traiter le rapport du terrorisme à l'innocence comme on pourrait traiter le rapport de la femme et de l'enfant. Le terroriste est fasciné par l'innocence »,
Christian Péchenard.

« La présence de la femme rend le mouvement beaucoup plus subversif, plus fascinant, plus effrayant. Si des femmes se mettent à poser des bombes et à jouer du pistolet c'est que la situation est vraiment grave ! Aussi bien au point de vue politique qu'idéologique »,
Jacques Vergès.

Bommi Baumann

- Il y a quelques mois, je suis allé avec Astrid Proll à l'exposition dans la cave de la Gestapo, ici à Berlin, et on s'est trouvé devant une photo d'hommes en uniforme, des SS, et là Astrid a dit « Quand je vois cette photo, je comprends pourquoi il y avait tant de femmes dans la lutte armée ». Le fascisme, c'était vraiment une histoire d'hommes en uniforme. En tout cas, d'après ce qu'on en voyait, et des femmes votaient pour eux...
- Il y avait des échanges entre la RAF et le 2 juin ?
- Des femmes sont allées vers la RAF, d'autres sont venus vers nous, il y avait un échange de personnel permanent. Les circonstances de travail étaient différentes *(grand éclat de rire)* ! Par exemple, Ina Ziebman, elle était au 2 juin et elle est passée à la RAF, et puis de nouveau au 2 juin et finalement en Palestine ! Verena Becker est passée du 2 juin à la RAF, Inge Viett aussi, et d'autres... Tandis que Rainders, un mec, lui est venu de la RAF. Ce qui est exorbitant là-dedans, c'est que des femmes sont passées du 2 juin à la RAF et non pas l'inverse. Il y avait diverses raisons à cela. Il y avait des couples, et souvent ces changements se faisaient pour des histoires d'amour plus que politiques. La discussion « quel appareil fonctionne le mieux ? », a eu lieu plus tard. Et il faut savoir que dans le 2 juin, les mecs étaient dominants, mais il y avait plus de pédés qu'à la RAF *(grand rire)* ! Le 2 juin était un groupe prolétaire, où des hommes devaient trouver leur identité en tant qu'homme, c'est-à-dire être plus macho. Et comme les prolétaires se définissent

beaucoup plus par leur corps que par leur intellect... Donc, pour le dire très poliment, le 2 juin n'attirait pas tellement les femmes.

- Le 2 juin était un groupe de libération des hommes !?
- On ne peut pas vraiment dire ça, parce que dans un groupe comme ça où tu risques ta vie, tu dois écouter ce que tout le monde dit, et tu ne peux pas te permettre d'ignorer les femmes... Le 2 juin était dominé par les mecs parce qu'ils avaient la majorité, c'est tout. Passer un contrôle dans une voiture pleine d'hommes, c'est complètement différent que dans une voiture pleine de femmes.
- Dans un groupe où l'on risque sa vie on ne peut pas se permettre d'ignorer les femmes...
- Oui, tu as bien compris. Il faut voir qu'une femme devant toi est tout à fait égale à un homme, et il faut écouter le combattant. Il faut voir aussi qu'une arme, un pistolet, ça enlève les différences des corps. Le pouvoir politique sort des fusils, et pour les femmes cette phrase est très précise.

- La violence des femmes est-elle essentiellement subversive ?
- Bien sûr que la violence des femmes est plus subversive que celle des hommes !... Les femmes ont été opprimées pendant des siècles et des siècles où ce sont les hommes qui ont porté les armes et pas les femmes. C'est pour cela que j'ai bien plus peur d'une femme que d'un homme ! Les hommes, je sais très bien comment ils se comportent, ce qu'ils font dans un conflit, mais avec les femmes... il y a toujours une surprise, on ne sait pas. Et quand il y a une arme - et l'arme égalise les rôles - les femmes sont beaucoup plus dangereuses que les hommes. Une fois, je me suis disputé avec Ina Ziebman, et tout d'un coup, je me suis dit « Calme-toi, elle a une arme », et je suis parti *(grand rire)*. Quand tu te bats avec un homme, tu sais très bien ce qui se

passe, mais avec une femme je me dis « Surtout, ne jamais lui tourner le dos ». Avec une femme, c'est autre chose. Avec une femme tu dois réfléchir autrement.

/.../

- Les femmes sont plus conséquentes dans la violence que les hommes parce qu'elles ne parlent pas autant. Les mecs se vantent toujours de ce qu'ils ont fait. Les femmes apparaissent, disparaissent. Elles ne parlent pas, mais elles font. Parmi les autonomes, il n'y a aucun bloc plus conséquent et discipliné que celui des lesbiennes, des femmes. À la manifestation du 1er mai, à partir d'une certaine rue, la manifestation a été « accompagnée » par les policiers. Le bloc féminin a tout de suite sorti des bâtons en disant « À un mètre de distance minimum ! », et la police a reculé ! Chez les autres ils n'ont pas accepté de reculer, mais devant les femmes, oui !

> *« Les femmes sont tellement terribles qu'on avait renoncé à leur couper la tête. Tellement elles faisaient chier le bourreau ! Au début du siècle, les bonnes femmes ne se laissaient plus guillotiner, et les bourreaux demandaient des prix tels qu'on a dit « on ne leur coupe plus la tête, elles sont trop emmerdantes » »,*
> Christian Péchenard.

Astrid Proll

- Pourquoi autant de femmes dans la RAF ?... Il n'y avait pas beaucoup plus de femmes dans la RAF que dans d'autres organisations. Seulement, dans les autres organisations, les femmes ont eu un autre rôle. Dans la RAF, il y avait à peu près vingt personnes. C'est peut-être parce que le groupe était si petit que les femmes avaient un rôle aussi militant et actif que les hommes. La question que l'on peut poser, c'est pourquoi les femmes furent aussi fascinées par ces actions militantes ?

> *« Dans l'illégalité, si on part pour ne rien respecter, on se rend compte que la force de l'homme, c'est un leurre. Techniquement il suffit aujourd'hui d'avoir un revolver dans la main. À partir de là, ce n'est peut-être pas étonnant que d'abord il y ait une attirance assez grande du groupe pour acquérir une place qui leur est souvent impossible à acquérir même dans les mouvements contestataires, et d'autre part, ça doit quand même être pas rien dans la psychologie d'une femme d'acquérir du jour au lendemain la toute puissance dont elle a toujours été privée et qui est celle dévolue à l'homme. Alors elle est prête à s'en servir beaucoup plus abusivement encore que l'homme.*

Et il est sûr que si elle franchit le pas... »,
Dr Dubec.

/.../
- À l'époque dans le cadre du mouvement étudiant, on discutait beaucoup de la violence, et les femmes étaient là-dedans comme les hommes. (...) Mais dans l'évolution de notre groupe, la question des sexes n'était pas discutée, car nous étions dans une situation dans laquelle, femme ou homme avait leur place. Si je me souviens bien, la dernière fois j'ai parlé du fait que nous avions dû apprendre à devenir criminels ; cette pratique manquait autant aux hommes qu'aux femmes, comme par exemple faire un hold-up ou forcer une serrure. Et, homme ou femme, chacun à sa façon on a appris ces choses. Je voulais dire aussi combien c'était absurde. Mais femme ou homme on s'est efforcé à être bon dans un secteur. Des personnes étaient plus douées pour telle ou telle chose, et on a recruté des gens en fonction de leur spécialité.
- Les rôles homme – femme n'étaient donc pas très bien définis ?
- Les rôles n'étaient pas définis. Nous n'avions pas de rôles. J'avais 22 ans à cette époque. Je crois qu'Ulrike ou Gudrun avait certainement une idée là-dessus ; on n'en parlait pas. On n'aurait pas créé un groupe féministe. Si on en parlait, ce fut sans implication pour le groupe. On a toujours mélangé les sexes, dans toutes les actions d'après les spécialités des gens, là où ils étaient doués. Il serait intéressant de se poser la question de savoir si ce fonctionnement a changé depuis. Est-ce que des rôles se sont fixés ?... Se sont cristallisés ?... En tout cas, à mon époque, hommes et femmes étaient mélangés, aucun rôle n'était fixe. /.../

« À partir du moment où, dans la clandestinité, les rôles sont interchangeables, plus aucun rôle n'est respecté. Autrement dit, il est alors plus facile à la femme de jouer le rôle de l'homme et de passer à l'acte. Pendant que l'autre organise ou fait le pet, celles qui tirent, quand même... - ça a été souvent prouvé- c'est les femmes ! Les grands brigands, eux tiennent un rôle, ils sont plus phallocratiques, même que la société habituelle, c'est un milieu, bon...
- Pourquoi est-ce que les rôles s'inversent aussi facilement dans la clandestinité terroriste ?
- Parce que dans la clandestinité des voyous, c'est la clandestinité par rapport à la société légale, et pas par rapport à une société organisée qui serait celle des voyous. Alors que les terroristes clandestins se créent une société à eux. Ils n'ont pas de base territoriale, contrairement aux Corses et aux Basques, et autres qui dans leur pays ont une place à tenir. Les groupes comme Action directe, la RAF, les Brigades rouges partent du néant et vont vers le néant. Cette capacité à

> *renverser les rôles entre hommes et femmes est, je crois, propre à ce terrorisme d'extrême gauche »*, Dr Dubec.

- Il y avait bien sûr des relations entre les sexes, des relations hétérosexuelles entre les membres, mais tout le monde n'était pas lié dans le groupe sexuellement ou émotionnellement. Mais on était tous très proches les uns des autres. Il faut se souvenir que dans la première génération il y avait des femmes très fortes qui discutaient et qui faisaient des choses avec d'autres femmes. Moi, je peux en parler, car comme je suis lesbienne, j'ai plus discuté et partagé des choses avec des femmes. Mais je ne sais pas comment ça s'est passé plus tard. Il faudrait en parler avec Gerd.
/..../

- La RAF aurait-elle été la RAF sans les femmes ?
- Ulrike, par exemple, réfléchissait à tout ce que peut réfléchir une femme normale : les enfants, les problèmes avec le mari –une situation atroce. Mais ce qui nous intéressait, c'étaient les gens opprimés dans la société indépendamment du sexe. On n'a jamais voulu voir les gens comme victimes mais comme capables de rébellion. (...) Dans la RAF, il y avait des hommes concrets et des femmes concrètes. Et nous, on se posait la question du pouvoir, tandis que le mouvement des femmes, par exemple, qui luttait pour l'avortement libre, ne se posait pas la question du pouvoir. Alors que c'était la question que nous nous posions, nous, la RAF... Il y avait des relations très, très fortes entre des femmes, sexuellement ou non... Ces relations très fortes entre les femmes ont joué un rôle de plus en plus important dans le groupe. Beaucoup plus que les relations entre les

hommes, que les amitiés entre les hommes.
- La RAF était un lieu privilégié d'action pour les femmes ?
(Long échange entre Astrid et Edith sur la question, ou sur le sujet ?...)

- On parle de la femme à trois niveaux : de la femme concrète, du mouvement des femmes, et des femmes dans la RAF. Je voudrais surtout mettre en évidence le fait que la RAF était un groupe très isolé, hors de la société et non pas influencé par la société. Il faut savoir que les champs de pouvoir, les jeux d'influences, les tensions, étaient apportés surtout par les femmes et par les relations entre les femmes. C'était des femmes très fortes. C'est un aspect qui fut très important dans le groupe.
- À côté de ces discussions sur l'avortement et tout ça, prendre une arme était tout de même un acte de libération extrême, non ?...
- Bien sûr, dirais-je aujourd'hui. Cette libération individuelle et le fait de prendre une arme ont à voir ensemble. Beaucoup de groupes s'adressaient aux femmes de la RAF, parce que c'était des idoles, parce que c'était des femmes fortes qui luttaient.
/.../.
- Donc, les femmes auraient introduit dans la RAF une dimension émotionnelle assez forte par rapport aux hommes qui étaient plutôt sur le terrain politique ?
- Oui, elles ont apporté beaucoup plus. Il faut se souvenir qu'à l'époque, la RAF voulait créer le « Nouvel Homme ». On ne traitait pas un homme de macho mais de bourgeois.

« La mentalité allemande prussienne n'aime pas les enfants ; on préfère devenir

quelqu'un par soi-même. Tout est plus important que l'enfant. Le rôle de la femme en Allemagne est beaucoup plus misérable qu'en France par exemple. En France, la femme est plus acceptée dans sa dimension érotique, de femme...La mère, la femme, ne vaut rien en Allemagne, avec en plus les structures familiales autoritaires... »,
Dr Helga Ensele.

Gerd Schneider

- Les femmes et les hommes se partageaient-il des tâches, des rôles ?...
- Il n'y avait pas de différences entre les rôles. Dans tout attentat, il y avait deux ou trois femmes. Elles faisaient des hold-up. (...). Les femmes ont des qualités d'organisation mais aussi de conspiration. (...) Les hommes sont forts, ils n'ont pas à le prouver. Les femmes doivent prouver qu'elles ont ces qualités. L'homme est. Les femmes doivent le devenir. Le groupe terroriste est un terrain où l'on peut prouver ça ; parce qu'on y est accepté sans discrimination...
Les mouvements de gauche et de libération de la femme sont très imbriqués.

« Ceux qui sont allés le plus loin dans l'interchangeabilité des rôles, ce sont probablement les

Allemands. Dans ces mouvements d'extrême gauche, des femmes ont eu très certainement un rôle moteur. Parce que...dans la remise en cause totale de la société, elles en ont encore plus à remettre en cause qu'un homme. Il y a un aspect de revanche...», Dr Dubec.

- Vous ne pouviez avoir des relations amoureuses qu'à l'intérieur du groupe...
- Il n'y avait pas de relations amoureuses intenses qui tenaient à l'intérieur. Lorsqu'un couple arrivait, c'était la rupture. Très vite ils se quittaient. Et une relation avec quelqu'un de l'extérieur n'était pas possible. Impossible !... Non seulement les relations amoureuses, mais aussi amicales, ou autres, communes. Nous avions des relations avec d'autres groupes, et avec des groupes légaux qui soutenaient notre politique, mais pas de relations personnelles. Les relations amoureuses ou simplement sexuelles ne pouvaient exister que dans le groupe. Ce groupe, c'était l'avant-garde ; et les autres, les personnes qui n'étaient pas dans le groupe, qui n'étaient pas allées aussi loin que ceux qui sont dans la lutte armée, ce sont des personnes suspectes. Autre chose : la relation personnelle, amoureuse, sexuelle, est remplacée par la relation collective. L'objet d'amour n'est pas un homme, une femme, mais le groupe. Je me souviens de A qui avait un enfant et un mari - ce traître ! et qui, lorsqu'elle est entrée dans le groupe, a dit : "C'est le jour le plus heureux de ma vie !".

- Qu'est-ce qu'elle avait fait de l'enfant ?...
- Euh !... Les enfants... *(rire)*. On les quitte. Plusieurs

femmes avaient des enfants, et du moment où elles entraient dans la RAF elles n'avaient plus rien à voir avec eux, elles ne se préoccupaient pas de savoir ce qui leur arrivait, ne s'inquiétaient pas de leur enfant. Ça n'existait plus. Le désir de le revoir vient en prison, pas avant.
- Vous ne parliez pas des enfants?
- Non, jamais.
- S'il n'y avait pas de liens amoureux dans le groupe, vous aviez donc des relations sexuelles entre vous, même sporadiques?
- Oui, sporadiques... et prosaïques *(rire)*. Toutes les relations avec l'autre étaient des relations politiques. Je n'ai jamais entendu quelque chose de personnel, de la sympathie dans les couples. (...) Les liens respectables, les liens importants ne sont pas les liens des sentiments, mais les liens politiques. C'est aussi pour cela qu'une relation de couple peut éclater aussi facilement, à partir du moment où ce n'est plus raisonnable du point de vue politique.

/.../
- Tu m'as dit que les femmes prenaient souvent des positions extrêmes...
- Oui... Des femmes comme B., comme M., sont des femmes très courageuses. Elles vont jusqu'au bout. Elles risquent tout. Mais je ne sais pas, pfft !... si ce courage est correct.
- Qu'est-ce qu'elles défendent?
- Ce qu'elles défendent?... Leur intégrité !... Moi, je ne la défends pas.
- Et A., qu'est-ce qu'elle défend?
- Sans doute aussi son intégrité. Mais je crois que sa façon de se défendre ne peut conduire qu'à l'échec. À dire qu'elle n'est pas coupable, qu'elle était sous la mauvaise influence du groupe... On ne peut soutenir cette position. Au contraire les autres disent « nous luttons, nous luttons, et nous luttons et nous continuons de lutter », et ce n'est pas soutenable non

plus... On ne peut lutter à l'infini sans arriver à aucune rencontre, à aucun point de rupture. C'est la répétition, à l'infini.

/.../
- Mais qui est « on » ?
- ... J'ai parlé de cette cloche de fromages et du changement des relations entre les membres. C'étaient des personnes avec une certaine autorité car elles étaient dans l'illégalité depuis plusieurs années ; mais en réalité c'était tout le groupe. (...) Ce phénomène de personnes « insûres » se concentre sur des femmes. Peu d'hommes étaient considérés comme « insûrs » (...). C'était un peu une mise à l'épreuve et un peu une solution dans une lutte de concurrence (...). Pour les femmes, c'était peut-être un moyen d'enseignement... Mais surtout un moyen de les dégrader. Car cette lutte de concurrence s'était concentrée entre les femmes. Il y avait beaucoup moins de concurrence entre hommes et femmes, ou entre les hommes. Les discussions et les conflits les plus durs étaient entre les femmes.

- Tu as parlé de femmes qui étaient avec toi et qu'on avait désignées comme « insûres ». C'était par rapport à quoi ?... À leur violence ?...
- La violence des femmes ?... Elle étonne nos sociétés, alors que la violence des hommes... C'est peut-être à mettre en relation avec cette rigidité, cette rupture que la femme doit faire et qui est plus dure que pour les hommes, plus décisive. Les femmes doivent, je crois, mobiliser beaucoup plus d'énergie, de rigidité, de radicalité pour faire la même chose. Et dans ce groupe terroriste, on voit des femmes qui peuvent faire ce choix... Elles ont un caractère que les autres femmes n'ont pas. Ce sont des personnes comme... Comment les décrire?... Elles ne connaissent pas la demi-mesure. C'est peut-être le résultat de l'éducation. Il y avait des filles de

pasteurs, et peu de catholiques... En 1968, il fallait être responsable des gens qui étaient autour de moi, mais aussi de tous les autres dans le monde. Être responsable de ce qui se passait au Vietnam, en Afrique. Être aussi responsable de ce que faisaient les autorités allemandes ! Et toute cette responsabilité a été accentuée par la compassion. Et peut-être que les femmes sont plus sensibles à la compassion, ont davantage cette capacité. Mais cette compassion peut se changer en fureur.

> « *Pour les femmes, le terrorisme, ce n'est pas l'amour de la justice, mais la justice de l'amour. On pourrait considérer que l'on est terroriste pour créer un monde idéal et par conséquent tuer les affreux, tuer les riches, pour que tout le monde soit heureux ; ce serait l'amour de la justice. Mais aucun terroriste n'est assez sot pour penser à cela. Par contre, la notion de l'absolu, c'est la justice de l'amour, qui exige que l'on passe par une initiation extrêmement violente. Et la femme, incontestablement, est plus immédiatement en rapport avec l'absolu que les hommes* », Christian Péchenard.

- Une femme qui tue son enfant, dans un sens, elle a raison ; car peut-être ce petit monstre l'a tellement échauffée qu'elle

n'a pu se retenir de cet acte. Mais cette fureur est peut-être comparable à autre chose, à une mère qui tue son enfant qui est malade, qu'elle sait qu'il doit mourir, (qu'elle tue) par compassion, par impuissance ; le sentiment que tu ne peux rien faire, et que cette fureur, froide fait disparaître ou changer. On cherche à tuer le responsable comme un chirurgien retire une tumeur.
- Mais la tumeur est responsable d'un mal, tandis que parmi les victimes des terroristes, il y a des innocents.
- Non. Il n'y a pas de victime qui soit innocente... Pour le terroriste, personne n'est innocent. Alors, le paradoxe, c'est que s'il n'y a pas d'innocent, il n'y a personne qui soit responsable non plus. Alors, pourquoi on lutte ?
- C'est là où l'innocent devient une victime parfaite ?
- Ça je ne sais pas.

« Vous voulez tuer un innocent, vous pouvez trouver un innocent ! un enfant dans son berceau... Mais un coupable ! je veux dire un vrai coupable, qui soit chargé de tous les péchés du monde, un bouc émissaire, une victime expiatoire, on est obligé de l'inventer ! Vous trouvez un gros dégueulasse, un violeur, un con ! tout ce que vous voulez. À lui tout seul il n'incarnera jamais le Mal. Il incarne une certaine façon d'être mal. Mais quand vous êtes terroriste, le Bien, le Mal, tout cela a-t-il vraiment de l'importance ?... De telle sorte que vous ne pouvez pas abattre le

Mal tandis que vous avez un rapport de confrontation avec l'innocence. Vous êtes fasciné par l'innocence et dans le même temps, vous la craignez, vous la détestez... Et alors là la femme est plus en rapport avec l'innocence comme elle est plus en rapport avec l'enfant. On tue l'enfant, on tue l'innocence, d'abord parce qu'ainsi on vient à bout d'un concept... Parce qu'il y a quelque chose de Dieu dans l'innocence»[41],
Christian Péchenard.

Ilse Schwipper

- Tu es très attentive à ton rôle de mère et en même temps tu t'engages politiquement de façon radicale. Comment as-tu mené les deux de front ?
- C'est moi qui ai envie de te demander pourquoi ce ne serait pas possible ?
- Peut-être tout simplement parce que ce n'est pas facile à organiser ?
- Quand les enfants n'étaient pas à l'école, ils étaient avec nous. On jouait avec eux. Ils nous accompagnaient partout, aux réunions, dans certaines actions. Ils étaient avec nous

---

[41] Comment ne pas rappeler le scénario de l'enlèvement de Hanns-Martin Schleyer : la voiture de Schleyer fait un écart pour éviter un landau, le commando surgit...

quand on distribuait des tracts. C'est l'avantage d'une vie en groupe, tout le travail ne repose pas sur le rôle de la mère, ils peuvent s'adresser à d'autres personnes, ils ne sont pas fixés seulement à la mère.

- Mais quand tu mènes une action armée tu prends des risques pour toi, et aussi pour l'enfant ?
- D'accord, on prend des risques dans certaines actions, mais le risque n'est pas le problème. Le problème est : comment faire comprendre à un enfant la nécessité d'une action, la nécessité des hold-up, d'un incendie volontaire ? Ou d'autre chose. La décision est là : faire comprendre quelque chose à quelqu'un.

« Elles mettent l'enfant en danger physique comme elles se mettent elles-mêmes en danger. (...) L'important n'est pas que l'enfant ait peur ou non, il faut qu'il comprenne pour être dedans ; sinon il fait partie du monde extérieur, de l'autre monde », Dominique Clerc.

- J'ai du mal à comprendre ce manque de conscience du risque, parce que tout de même à un moment donné, il y a eu la police, la prison...
- Je n'ai pas dit que nous n'avions pas conscience du risque, au contraire. J'ai voulu que les enfants n'aient pas peur pour leur mère, pour eux-mêmes ou pour le groupe. C'est pour cela qu'il est important de faire comprendre l'action aux enfants, pour qu'ils n'aient pas peur. En plus, les enfants ont toujours pu décider par eux-mêmes de faire partie ou non de

telle ou telle action. Il y avait une conscience très claire du risque d'une éventuelle arrestation. La question importante était : est-ce que j'évite une action à cause de la peur? De ma propre peur, ou de ma peur que ma famille soit déchirée. Cette question me rappelle toujours la situation fasciste, que rien n'avait été tenté contre à cause d'une peur. Et je crois qu'on ne doit pas éviter une action politique à cause de la peur. J'ai toujours su qu'au moment où je serais arrêtée, ma mère prendrait les enfants. C'est-à-dire que les enfants savaient très bien qu'ils ne seraient pas envoyés dans une maison, dans un foyer. Ils le savaient. Et lorsque j'ai été arrêtée, c'est ma mère qui a pris les enfants.

- Tes enfants étaient dans d'assez bonnes conditions chez ta mère, mais tu as tout de même pris le risque de te séparer d'eux.
- Oui. On m'a retiré les droits sur les enfants et ma mère les a demandés à l'administration. Les enfants sont donc restés chez elle. Cela a causé beaucoup d'ennuis à d'autres prisonniers, par exemple à Ulrike Meinhof, parce que c'était son mari qui pouvait décider d'où vivraient ses enfants. Je sais très bien d'après des discussions que j'ai eues avec des gens, qu'Ulrike voulait que ses enfants aillent avec elle au Liban. Et, en dépit de ce que ses enfants en pensent eux-mêmes aujourd'hui, c'était[42] sans doute parce que les camarades ne pouvaient eux-mêmes décider de quoi faire des enfants. Je sais bien que ce n'était pas la meilleure solution pour mes enfants qu'ils aillent chez ma mère, parce que c'était une femme bourgeoise pour qui il était plus important de voir un cou propre que de s'occuper de la peine psychologique de ces enfants, ou de discuter avec eux comme avec des partenaires égaux comme on le faisait dans la communauté. Ils ont beaucoup souffert de mon arrestation,

---

[42] Les filles d'Ulrike Meinhof ne sont finalement pas allées au Moyen-Orient, mais sont restées en Europe (voir plus loin).

et moi aussi. Les enfants m'ont beaucoup manqué en prison.
- Cette possibilité de se séparer de ses enfants, n'est-ce pas une expression de la radicalité?
- Qui pense? qui construit des thèses pareilles?! Ce n'était pas nécessaire, c'était comme ça. C'était la faute des mouvements radicaux, des mouvements armés qui n'ont pas trouvé de solution pour les enfants. Mais une politique radicale ne signifie pas d'en exclure les enfants! Parce que sans enfants, il n'y a pas d'avenir! Surtout pas pour un révolutionnaire ou une révolutionnaire ! Et pour moi, quand on parle de révolution, ça inclut les enfants. Parce que les enfants, c'est la vie !

> « *Le groupe prend en charge beaucoup de choses, le groupe décide. Il y a quelque chose de fusionnel qui doit évoquer un rapport de fusion maternelle. D'ailleurs, la façon dont elles parlent de leurs enfants... La grossesse et l'enfant, c'est ce qui fait la rupture avec la mère ; or là, on sent qu'elles n'ont pas fait la rupture. Elles donnent les enfants à la mère. Tout ceci est extrêmement peu symbolisé. Elles sont incapables de protéger leurs enfants... Quelque chose d'impossible avec l'enfant. C'est la rupture qui est inacceptable* », Dominique Clerc.

- Tu faisais la révolution pour les enfants...
- Pour et avec les enfants.
- On a dit à tes enfants qu'ils avaient une mère terroriste, tu parlais de ça avec eux ?
- Non, quand j'étais en prison, on n'a pas pu en parler. Il faut voir qu'il y avait des problèmes de visites. Mes enfants m'ont rendu visite, mais c'était très, très compliqué, parce qu'entre « V.» près de la frontière des Pays-Bas et Wolfsburg, il y a un monde. Ma mère était à la retraite - elle l'est toujours- et la communication en train était très, très mauvaise. Sabine l'aînée qui avait quatre ans a pris le train jusqu'à Hambourg, de là un camarade l'a accompagnée. J'ai été trois ans à « V. », elle m'a rendu visite trois fois.

Pour revenir à cette question de comment parler de ça avec les enfants, il faut que je te dise comment ils étaient ces enfants lorsque je suis sortie de prison. On n'était pas dans la situation d'en parler. Quand je suis revenue, Inès, la petite qui avait neuf ans, la première chose qu'elle m'a montrée c'est qu'elle était capable d'avaler une cuillérée à café de sel sans changer de tête. Il faut dire aussi que durant le temps où j'étais en prison, elle a eu un accident, elle est tombée d'un arbre, et d'après ce que je sais de la psychologie, c'était un suicide caché, provoqué par son incapacité à être triste... Sabine, l'aînée, a été très distante avec moi. Et toutes ces choses-là, on a pu en parler seulement au moment où Sabine a eu des enfants, c'est-à-dire lorsque je suis sortie de prison la seconde fois. C'est-à-dire en 1983, dix ans après.

- Et avec le garçon ?
- Mon fils, mon seul fils, il a trouvé une solution très simple pour lui. Je me suis divorcée en prison, et le juge a dit « Les filles à la mère et le fils au père ». C'est-à-dire qu'Helmut, mon ex-mari, a pris mon fils et quand il s'est

remarié il a porté mon fils chez ma mère. Et Artmud a compensé à l'école, il était excellent. Aujourd'hui il est informaticien chez Volkswagen. Il fait une excellente carrière. Il s'est débarrassé de tout. Un jour, il m'a dit « Tu n'as plus rien à voir avec moi. Parce que quand on met des enfants au monde, on ne divorce pas, et on ne fait pas de politique ! ». Il est très traditionnel dans sa façon de penser. Je sais qu'il a été très blessé à l'époque. On s'est fait arrêter au mois de juin, c'était son anniversaire, dix ans.
- Tu peux dire quelque chose de cette différence de réaction entre le garçon et les filles ?
- Je pense que les filles qui sont aujourd'hui des femmes adultes sont capables de réfléchir les choses et de s'arranger émotionnellement d'une autre manière que les hommes. Elles sont capables de se « réidentifier » avec la femme, la mère.
- En passant tout de même par la volonté de se détruire...
- Oui, mais c'était quand elle était gosse. Elle s'est blessée, mais pas gravement. Cette blessure s'est cicatrisée et elle a continué à vivre chez la grand-mère.
/.../
- Il s'est passé une chose très, très dure. Quand une mère politisée est arrêtée, d'abord, il te culpabilise. (...) Un jour, on m'a dit « Vous avez une visite ». On m'a fait entrer dans une salle. Il y avait là une femme policier et un homme, un couple. Ils avaient posé une valise sur une table. La valise était ouverte et dedans il y avait le jouet préféré d'Inès, une photo d'elle que j'aimais beaucoup, un jouet de Sabine et d'autres choses comme ça. Et ils m'ont dit « Avec les meilleurs vœux de vos enfants ! ». Alors j'ai crié, « Cochons ! Cochons ! » et j'ai frappé des poings sur la porte pour sortir. Lors de ma deuxième arrestation à Damstadt, on m'a conduite à Francfort... On m'a transportée à Berlin, on m'a conduite auprès du Procureur à Tedam. Et là aussi on a essayé de me faire chanter avec les enfants.

/.../.
- Et aujourd'hui, maintenant que ton fils fait carrière chez Volkswagen, quelle relation as-tu avec lui ?
- *(Vivement, presque brutalement)* Aucune ! Quant à Sabine, elle dit qu'elle ne fera jamais de la politique au point d'être séparée de ses enfants. Je ne m'attendais pas à de telles conséquences ! Je m'attendais vraiment à autre chose.
- Et tu le referais ?
- Oui.
(Silence).
- De la même façon ?
- Répondre à une telle question pose problème, parce qu'on connaît nos erreurs et tout ça. Mais si j'étais de nouveau dans la même situation, je crois que je referais tout, que je le referais de la même manière. Parce que je pense qu'il faut essayer quelque chose même si c'est dur...

> « L'absence de souffrance est étonnante... Il n'y a pas d'imaginaire sur la souffrance de l'autre, sur la souffrance de l'enfant »,
> *Dominique Clerc.*

- Tu le referais, mais il semble que tes enfants n'aient pas envie de le revivre...
- *(D'une voix forte et contenue)* J'ai dit que je le referai ! Quant à mes filles, ce serait sans doute différent... Quant à Sabine qui dit qu'elle ne ferait jamais une action qui impliquerait le risque d'être arrêtée et mise en prison, c'est clair. Mais si elle commençait à agir politiquement sa phrase, j'en suis sûre, perdrait de sa validité.

« *L'impossible séparation. Il y a quelque chose de corporel, d'une fusion impossible. Des femmes incapables d'assumer leur solitude. Le groupe est l'étayage soignant parfait, et donc au moment où l'on pourrait leur arracher quelque chose de ça se réveille cette espèce de violence qui n'est pas la même chez les hommes, parce que les hommes ne sont pas dans un rapport à l'autre fusionnel au point que si on cherche à le briser la question soit vitale. (…) Et si les femmes sont beaucoup plus exigeantes et radicales dans le groupe, c'est probablement à cause de cette peur d'une perte de quelque chose d'essentiel* »,
Dominique Clerc.

(L'on décide d'une pause, Ilse fait un café)

Ilse dit :
- Cette rupture, cette séparation d'avec ma fille Elke a été une des choses les plus douloureuses de ma vie. Et maintenant, c'est moi qui veux dire quelque chose de philosophique. Si on parle de la mort, la mort d'un enfant c'est la pire chose qui puisse arriver à un homme. C'est une

situation des plus difficiles à dépasser, c'est très, très difficile, surtout si le gosse est si jeune qu'il n'a pas connu l'écrasement que peut signifier une vie... Et ça, la mort de son gosse, ça peut être tout à fait moteur pour se radicaliser. Parce qu'alors tu luttes pour la vie. Et c'est pour ça que je dis que la révolution pour et avec les enfants c'est la vie... Et c'est dingue, quand je parle de révolution, je n'y associe jamais la mort, mais la vie. *(Fin des entretiens avec Ilse)*

**Le point de vue d'un enfant :
la fille d'Ulrike Meinhof, Bettina Röhl**

- Quand tu es le fils ou la fille d'un terroriste, d'une mère terroriste, tu te sens quelque chose d'extraordinaire, comme la fille de Romy Schneider !... Car il y a la presse et tout ça. Et quand on n'a pas relativisé les choses, on réfléchit à ce qu'on pourrait faire pour se débarrasser de ce sentiment.
/.../
- Lorsque votre mère est passée à la clandestinité, elle vous a dit quelque chose ?
- Ma sœur et moi, nous avions sept ans à cette époque-là et nous vivions à Berlin. Nous vivions à quatre dans un appartement, avec Peter Homann. Nous étions gosses, et pour nous tout était normal, les enfants ressentent toujours comme étant la normalité ce qui se passe autour d'eux. On était dans un « Kinderladen[43] », et je me souviens qu'il y avait des discussions tous les soirs avec beaucoup de gens, ma mère venait de faire Bambule, ce film avec des filles dans des foyers. Des filles venaient vivre chez nous pour un

---

[43] « Kinderladen » : jardin d'enfants alternatif.

temps. Ils fumaient sans arrêt, des cigarettes très fortes. Les gens avaient l'air détruit, d'une certaine manière. Ils étaient fatigués, toujours fatigués. Quand je me réveillais la nuit, je trouvais toujours des gens affalés, en train de fumer et de discuter. J'avais l'impression qu'ils étaient toujours très fatigués. Qu'ils étaient très importants, que tout était très sérieux. Quand j'avais cinq ans, ma mère portaient des tailleurs style années 60, mais à partir de 69, elle n'a plus porté que des pulls et des pantalons. Elle faisait souvent ce geste de retrousser ses manches. Elle ne se maquillait plus. Elle était déjà comme tous les autres le furent plus tard. Pour nous, les enfants, ce ne fut pas un temps super heureux, même si dans le « Kinderladen » on était bien. On était malheureuses d'avoir des parents si détruits, si fatigués. Ma mère n'était jamais réveillée le matin, elle oubliait de nous réveiller, des choses comme ça…

- « Détruit » ? C'est un mot fort…
- (Edith : en réalité, c'est « kaputt », très fatigué, crevé). Mais il y a aussi des souvenirs positifs. Par exemple, Peter Homann, c'était un type très gai. Il jouait avec nous, on était quasiment une famille. On partait en vacances ensemble. Mais sur tout ça, il y avait une ombre, des discussions si bizarres… On nous en parlait… On nous parlait de ces enfants qui étaient dans les foyers et qui venaient d'une existence terrible ! Ils nous y ont même emmenés !… Je me souviens que ma mère nous a mis une tenaille dans la poche pour l'apporter à l'intérieur du foyer pour que les autres enfants se libèrent. C'était une aventure aussi. On nous a tout expliqué, toujours. On était au courant qu'il s'agissait d'une lutte.
- Ce mot « lutte », quelle impression te faisait-il alors ?… Il te faisait peur ?
- Non, ça ne faisait pas peur. On était dans le cadre, le contexte, des camarades de ma mère. Je n'ai jamais eu peur

de la police lorsque je la croisais dans la rue. On se sentait comme bercé dans la sécurité, et quand il y avait des manifestations, ma mère revenait toute mouillée, mais elle riait. On n'avait pas peur. Quand on est gosse, on ne prend pas tout au sérieux.
(Cornes de brume des bateaux assourdissantes).
- Ta mère n'était pas encore clandestine...
- C'est très difficile de digérer tout ça... On a habité deux ans à Berlin. La dernière année, ça devenait de plus en plus compliqué, et les discussions étaient de plus en plus aiguës. C'est au mois de mai que ma mère est partie dans la clandestinité, et les mois qui ont précédé, il y avait de plus en plus de gens étrangers à la maison qui venaient chez nous. Et très peu de temps avant qu'elle parte dans la clandestinité, Baader et Ensslin étaient déjà recherchés. On le savait, sans savoir ce que cela pouvait signifier. On savait pourquoi, on savait qu'ils devaient aller en prison, mais on ne prenait pas ça au sérieux. Ils habitaient chez nous. Gudrun a teint ses cheveux, les a coupés et tout ça... Ils le faisaient en rigolant. Et là, tout d'un coup, la situation est devenue encore plus aiguë et on nous a dit « si la police vient et qu'elle vous montre des photos, il faut toujours dire, « non, non je n'ai jamais vu cette personne, je ne la connais pas ». Et on nous a dit aussi que Baader et Ensslin, c'est Hans et Gretel, et alors ce qui s'est passé c'est que au « Kinderladen » on a dit aux autres enfants « chez nous vivent Andreas Baader et Gudrun Ensslin, mais on ne peut pas les appeler comme ça, il faut dire Hans et Gretel ». Et on a amené des enfants chez nous pour leur montrer que c'était vrai. Andreas et Gudrun étaient effrayés. Et on leur disait « Surtout vous ne le racontez pas à vos parents ».

- Un jour, ils ont changé d'allure physique... C'était étrange pour vous ?... Vous preniez ça comme un jeu ?
- C'était pas tellement étrange, c'était joyeux aussi. On

rigolait bien. Sauf Baader. Lui, il n'était pas sympa, il n'était pas du tout gentil avec nous. Il nous détestait. Quand il y avait des visiteurs, des gens qui passaient, on l'enfermait dans la cuisine parce qu'il était recherché. Les adultes riaient entre eux, mais pas avec nous. En tout cas pas Andreas et Gudrun. Surtout Andreas, je ne l'aimais pas du tout. Quand un gosse tombait par terre, ça le faisait rire.
- Et Gudrun ?
- Pas gentille non plus. Les enfants, ça ne les intéressait pas. Mais d'autres mecs, comme Peter Homann, étaient très gais, ou des femmes plus douces. Gudrun et Baader, ils étaient vraiment en ligne.

- Donc, la situation est devenue plus tendue...
- Oui, c'est devenu très tendu. Parce qu'il y avait des disputes terribles entre Peter Homann et ma mère. Parce qu'il ne voulait pas entrer dans la clandestinité. Et nous les filles, on était du côté de notre mère. Et Peter Homann criait, « Vous êtes tous devenus complètement fous ! ». Il ne voulait pas de cette dureté de Baader et Ensslin. Baader et Ensslin apportaient un autre climat dans l'appartement, ils étaient très arrogants, ils se prenaient pour la crème de la crème, ils pensaient des autres « vous êtes tous des idiots, des cons ! ». Et ma mère n'était pas sûre d'elle-même. Elle était influencée par les deux côtés. C'était Hans et Gretel qui dominaient de plus en plus la vie de famille et ma mère n'a pas pu tenir cette situation. Hans et Gretel nous prenaient notre vie de famille, notre mère, nos parents...
- Et après ?
- C'est à cette époque-là, au bout de quelques mois, que Baader a été arrêté. Nous les enfants, déjà, nous ne jouions plus un rôle important. Il n'y avait plus personne pour s'occuper de nous. Et il y avait toujours cette voix, très dure, de Gudrun dont je me souviens. Et il y avait des discussions très graves sur comment libérer Andreas. Et aujourd'hui, je

me dis que c'était vraiment un con. C'était un con de prendre sa voiture sans permis ! Il s'est fait arrêter à un contrôle. C'était vraiment idiot de risquer comme ça la vie du groupe. Et puis, c'était exactement aujourd'hui il y a dix-neuf ans... On devait partir en vacances de Pentecôte dans la famille R., on partait pour deux semaines. De la clandestinité et de tout ça, on ne savait rien. On ne savait pas qu'on ne devait jamais revenir. Et puis au retour des vacances, Madame R. nous a dit « Non, vous ne rentrez pas chez vous, vous restez ici encore une semaine ». Et cette même nuit on nous a dit qu'on allait nous emmener quelque part avec trois femmes, Monica, Marianna Herzog, et une autre qui pleurait. Le lendemain à sept heures il y a eu une réunion clandestine quelque part, et puis on nous a emmenées en Italie, en Sicile, et on n'a plus jamais revu notre mère dans des circonstances normales. On ne l'a revue que des années après, en prison. C'est-à-dire que cette veille de Pentecôte, il y a tout juste aujourd'hui dix-neuf ans, c'était la dernière fois. Ce voyage en Sicile fut la coupure. Je divise ma vie en deux : avant et après ce voyage en Sicile. Après le voyage en Sicile, on ne l'a plus jamais revue dans la clandestinité. Marianna et Monica sont rentrées en Allemagne, on est restées avec Hannah. Le groupe a payé Hannah pour qu'elle s'occupe de nous.

- Vous viviez où ?
- Dans des baraquements...
- ???
- Des baraques où l'on ne voudrait pas vivre... qui avaient été construites pour des réfugiés d'un tremblement de terre... Dans un milieu de la gauche alternative, des hippies s'occupaient de nous. Par eux on avait des informations. Que le groupe n'envoyait pas l'argent... Mais on se sentait en sécurité... Que notre mère avait quelque chose de très important à faire et qu'elle n'avait pas le temps de s'occuper

de nous, mais que ça ne durerait qu'un temps... Qu'on retrouverait notre mère au retour. D'un côté, on menait une vie tout à fait normale : on mangeait des glaces, on allait à la plage, on allait dans un « Kinderladen » italien, mais on était dans un état négligé, les hippies étaient sales, nos vêtements étaient sales.

- Combien de temps êtes-vous restées en Sicile ?
- Quatre mois.
- Et un jour vous êtes reparties en Allemagne...
- Le plan de Baader était de nous emmener au Liban dans un camp militaire pour nous entraîner à l'usage des armes.
- Les enfants aussi...
- Les petits aussi. Peter Homann l'a su et l'a dit à Stefan Aust. Il y avait un nom de code qui était le nom de ma poupée, et une heure avant que les autres arrivent en Sicile pour nous prendre, Stefan Aust devait nous kidnapper. Il nous a emmenées en Italie d'abord, puis à Hambourg chez mon père.
- On vous a donc kidnappées à la RAF?...
- Oui... oui *(rires)*. On ne sait pas qui l'a dit à Peter Homann, qui a trahi, mais mon père m'a toujours dit que c'était ma mère elle-même. (Et, ajoute Edith, on raconte aussi que Baader a toujours voulu tuer Aust pour ça).
- Arrivées à Hambourg, une autre vie commençait ?... Les amis de la RAF, c'était fini ?
- Tout le milieu d'Astrid, de Bommi, tout le milieu politique avait disparu pour les enfants. Mais Stefan Aust, comme il était journaliste à *Konkret*, s'est toujours occupé de nous, et Peter Homann aussi, un peu. Mais les autres avaient disparu.
- Hormis ces deux hommes, des femmes s'inquiétaient-elles de vous ?
- Tout le milieu avait disparu. La façon de se tutoyer, de se dire « camarade », les vêtements, la façon de parler, tout avait disparu. Car à l'époque, mon père vivait avec une

femme très chic et c'était un tout autre monde. Il y avait des contacts avec les journalistes de gauche, mais ce n'était pas la scène alternative.
/.../
- Tu t'es sentie abandonnée par ta mère ?
- Aujourd'hui, je pourrais le dire. Mais quand j'étais enfant j'avais l'impression que c'était moi qui abandonnais ma mère. En Sicile, nous avons oublié notre mère. Après nous avons habité avec notre père et nous avons oublié ma mère. Ma grand-mère me disait, « Écris à ta mère, elle est en prison »... On y a pensé beaucoup, mais on était timides. Quand j'étais petite, j'avais l'impression d'être une mauvaise enfant. Un jour, mon père me dit, « on pourrait aller à Stuttgart, à Stammheim ?... » ; mais, une fête était prévue à l'école, et j'ai dit « non ! non ! il y a une fête ». Aujourd'hui je me dis que c'est normal que les enfants oublient ces choses.
- Elle avait disparu de vos vies ?
- Oui, et c'était toujours bizarre quand on la voyait en prison. Elle... Elle était tellement heureuse de nous voir ! Nous aussi... mais on était très timides, embarrassées, et elle aussi. Elle était vraiment timide avec nous. Elle avait peur de nous embrasser. Elle nous demandait, « Vous voulez que je vous embrasse ?... » et nous on disait « Oui, pourquoi pas... ». C'était terrible. Avec en plus trois policiers qui nous regardaient... Elle était vraiment très douce. Elle était vraiment mal, nerveuse, et nous nous étions des enfants heureuses, normales. On a toujours vécu avec l'idée que ça durerait encore huit ans et qu'après on vivrait ensemble. On a vécu avec ce rêve.
/.../
- Aujourd'hui, je ne prendrai jamais un engagement politique qui soit plus important que la famille. Tous ces gens toujours fatigués, qui fument sans arrêt, qui ne dorment pas... Alors, tu n'as qu'une alternative : être terroriste ou avoir une vie de

petit bourgeois. Ça m'est venu plus tard de presque la haïr pour avoir fait ça. On se sentait coupables de ne pas lui avoir écrit, et c'est Stefan Aust qui nous disait « mais vous n'avez pas à vous sentir coupables, c'est elle qui vous a quittées ! ». La raison pour laquelle j'ai tant de tendresse pour ma mère, c'est que le public la traitait comme sainte Ulrike. C'est Gudrun qui était méchante, c'est Andreas qui était méchant, mais jamais ma mère. Mais aujourd'hui je ne vois plus les choses exactement comme ça : elle aussi est tombée là-dedans, elle aussi se croyait plus intelligente que les autres. Elle s'est crue trop importante. Elle aurait dû faire gaffe à ne pas trop se prendre au sérieux. Elle savait écrire, elle avait sa page dans le journal, c'était une bonne journaliste.

- Pourquoi cela ne lui a-t-il pas suffi ?
- Quand je pense à ma mère, je pense lui ressembler beaucoup, je la comprends émotionnellement, d'où mon sentiment de tendresse, mais je ne suis pas sûre que ce soit juste. Ma mère a été élevée de manière très dure, de manière à être dure et très honnête avec elle-même et avec les autres. Les femmes sont plus moralistes et plus disciplinées, tandis que les hommes savent mentir beaucoup mieux. Ma mère a été élevée avec une morale très forte, et c'est ce qui l'a amenée à cette alternative « cochon ou homme ». Elle avait très mauvaise conscience : elle avait un super boulot, elle était privilégiée, très intelligente, et elle avait mauvaise conscience parce qu'elle croyait que les autres auraient eu les mêmes possibilités s'ils avaient eu les mêmes privilèges.
- Lorsqu'on te parle de ta mère comme quelqu'un de grand, de merveilleux, que penses-tu ?
- Cela m'arrive souvent. Souvent on me regarde comme l'héritière d'un mythe. Je me souviens, à l'école, à quatorze ans, il y avait des parents, « des socialistes de salon » qui venaient à la maison pour me raconter des manifestations, et ils venaient comme pour me demander l'absolution. Il ne

faut pas déraper sur le mythe. C'est comme de répéter à une fille qu'elle est très belle, elle n'a plus la possibilité de développer autre chose.
- Cette absolution, c'était quoi au juste ?
- C'était la petite Ulrike Meinhof qui pouvait donner la parole politiquement. Des gens continuent de penser que tout ce que je dis est plus important que ce que disent les autres... *(Les cornes de brume dans le port... On ne s'entend plus).*

... Des gens me prennent pour ma mère car je lui ressemble beaucoup physiquement, et je fais cette expérience avec beaucoup de gens qui n'ont pas connu personnellement ma mère où tout ça se mélange : ils croient connaître ma mère en me voyant. Mais ma mère était beaucoup plus dure que moi, beaucoup moins charmante, beaucoup plus sévère. Moi je suis plutôt comme mon père, il aimait beaucoup la vie et on a été élevées autrement, même si on a été élevées avec une hauteur morale par ma tante Renate. Ma mère s'est violée elle-même, c'est pour ça que je ne peux rien lui reprocher. Quand je vois de vieux films d'elle, elle parle durement, très logiquement, mais je crois qu'en vérité elle n'était pas si dure. C'est envers elle-même qu'elle était dure. Elle s'est trompée fondamentalement. Elle ne s'est pas laissé vivre. Il lui manquait la légèreté. Elle ne se permettait pas de l'être, je crois.
- Elle en a trop demandé à un enfant ?
- À l'inverse de mon père, ma mère qui était une personne très responsable ne l'a pas été avec nous. Ça c'était trop, pour nous les enfants (...). Je vois notre génération comme surchargée, car la génération de mes parents c'était une scène qui a tout laissé derrière elle, ils ont cassé les rôles, mais ils ont oublié les choses simples comme il faut mettre un enfant au lit, il faut repasser, donner à manger à ses enfants... Ils ont voulu casser les rôles traditionnels et ça a pesé lourd sur notre génération.

/.../
- Baader et Gudrun, en ce qui concerne ma mère, ils ont vraiment tiré dans le noir, avec leur morale. Il faut voir les conflits ! Quand il y a quelqu'un qui écrit, un intellectuel, et en face des activistes, c'est toujours le même problème, les activistes reprochent à l'intellectuel de seulement écrire, et les activistes ont toujours l'avantage parce que ce sont eux qui font les actions. Vis-à-vis d'eux, ma mère était donc très faible, et elle doutait beaucoup. Ils l'ont mise sous pression... Quand je lis la correspondance entre Gudrun et ma mère, je vois que ma mère a essayé d'expliquer les choses, et que Gudrun a mis le pied sur elle. Elle a tiré dans le noir et toujours avec une telle puissance, une telle force, une telle violence ! que je pourrais dire qu'elle a tué ma mère. C'est aussi pour ça que je hais Gudrun.
- Et que tu pourrais dire que tu hais la RAF ?...
- Non... Les deux sont coupables, la RAF et ma mère. Elle a glissé sur sa vanité. Elle aurait dû savoir qu'elle n'était pas comme eux, elle aurait dû faire la différence entre elle et eux. Elle est coupable car elle était dans des actions avec eux, et que c'était un chemin de fou et qu'elle le savait.
- Quand vous étiez à Berlin, est-ce que tu as vu des armes circuler ?
- Moi non, mais ma sœur oui. Le jour où on est parties pour les vacances de Pentecôte, par hasard ma sœur a vu deux armes sous le pull de ma mère. Ma mère s'en est rendu compte et lui a dit « Tu ne dois parler de ça à absolument personne au monde ! ». Ma sœur ne m'a rien dit pendant deux ans et elle en jouait du genre « Il y a quelque chose que je sais, mais je ne peux pas te le dire ». /.../

- Tous ces gens de la RAF, finalement, c'est comme une famille, une famille pas très heureuse (...).
- Ils ont beaucoup parlé des enfants pour après les abandonner. Je n'ai pas compris.

- Comment vis-tu cette contradiction ?
- C'était normal, on est sûr que ce que dit l'adulte est juste. C'est après que j'ai pensé que ce n'était pas normal d'abandonner ses enfants. Mais alors, quand j'étais petite, je n'y pensais pas, c'était. Je sais que Marianne Herzog a donné son enfant à l'adoption et que Ensslin a abandonné son fils. Astrid est elle-même une enfant abandonnée[44]. Elle avait une relation très forte avec ma mère, ma mère était très certainement une mère pour Astrid. Ma mère, Astrid, toutes les femmes de la RAF ont des problèmes avec leur mère, avec leurs enfants. Marianne nous a emportées en Sicile... Elle a cherché son fils par la suite, elle l'a retrouvé, elle a écrit un livre là-dessus. Je voudrais parler avec elle, je voudrais aller à Berlin pour savoir pourquoi elle a fait ça à ma mère. Toutes les femmes avaient des relations avec les femmes.
- Il y avait beaucoup de lesbiennes dans la RAF.
- Oui, beaucoup. C'est une question d'émancipation qui commençait par là (...). Dans le groupe, ils ont beaucoup discuté du problème des enfants, ma mère était la seule à avoir gardé ses enfants dans la clandestinité (...). Les gens ne parlent pas beaucoup de cela, ils sont fermés sur cette question. Ils ont mis cette chose de côté, ils l'ont évacuée. Personne aujourd'hui ne veut parler vraiment de cette question des enfants. Les gens se sentent coupables quand ils parlent avec moi /.../.

- L'engagement de ta mère était juste ?
- La question qu'elle a posée était juste. C'est juste de combattre pour la vérité. Je ne dis pas que c'était juste. Tous les gens qui ont été conséquents se sentent aujourd'hui coupables, ils ont tous le problème de ne pas avoir vu ma mère, car ils étaient trop occupés avec eux-mêmes. Et à cette

---

[44] Le couple ayant divorcé, la mère d'Astrid part refaire sa vie aux USA.

époque elle était très dure, elle était toujours victime. Les autres comme Baader ou mon père, elle les considérait comme le mal... Comme des agresseurs. Et ce n'était pas juste. Elle était dure avec elle-même.
- Baader était dur avec elle ?
- Baader a été très, très dur avec elle. Et je crois que c'est parce qu'elle se comportait en victime. Quand tu es victime, c'est normal que les autres soient agressifs.
- Ta mère se considérait comme une victime ?
- Je ne sais pas, je crois... J'ai l'impression qu'elle était victime.
- Dans sa vie ?...
- Les dernières années de sa vie... C'est normal, quand tu te comportes comme une victime, tu attires des personnes agressives. Gudrun Ensslin et Baader, c'étaient des personnes très agressives. C'est elle qui a attiré, qui a cherché ces gens. C'est l'autre facette de sa personne. (...)

- Tu demandes à des gens de la RAF qu'ils te parlent de ta mère, qu'ils te disent la « vérité », mais c'est la vérité des autres et toi tu as la tienne ; on a l'impression que ça brouille un peu les cartes par rapport au souvenir que tu as d'elle...
- Moi, je sais que je la connais mieux que tous. C'était quelqu'un de très intense, très sérieux. Quand j'avais un problème, elle s'en occupait beaucoup, beaucoup, beaucoup. Trop.
- Trop ?...
- Trop, ça veut dire... qu'elle ne résout pas le problème. Elle comprenait beaucoup, mais elle n'était pas capable d'être légère, de résoudre le problème. Elle aurait été capable d'écrire mon problème, mais pas de le résoudre dans la réalité. Pour moi, c'était difficile, je n'ai jamais eu l'impression qu'elle m'ait comprise /.../.

- Sa décision de vous abandonner, c'était pour faire un

monde meilleur, mais à partir du moment où elle vous a abandonnées, elle ne pouvait plus combattre pour la vie, c'est ça ?
- Oui, je crois que c'est juste. Après, elle ne pouvait plus faire de choses bonnes car elle ne sentait plus que la vie était bonne. Quand tu as laissé des choses importantes tu n'as plus rien à perdre. Je voudrais dire que pour elle c'était la seule solution d'être dure, si elle s'est rendu compte de ce qu'elle avait fait... Et ça, je crois que c'était totalement différent des autres très narcissiques. Les autres ils se sont sentis très bien au début. Tout d'un coup, ils étaient connus, on parlait de ce qu'ils avaient fait dans les journaux... Alors que tout ça pour ma mère, c'était normal car elle était journaliste. Elle n'avait rien à gagner là. C'était la grande différence entre ma mère et le groupe.

- Tu penses qu'à partir du moment où elle vous a abandonnées, elle était perdue déjà...
- Oui, j'en suis sûre. Je ne sais pas... C'est ce que je veux savoir auprès des autres : si elle a essayé de nous voir avec ma sœur, ou si elle a refusé de vivre encore avec nous. Mais je ne crois pas qu'elle ait essayé vraiment quelque chose avec nous. Astrid m'a dit qu'elle disait beaucoup qu'elle voulait nous voir. Qu'est-ce qui s'est passé pour qu'elle dise « la vie, c'est fini » ? pratiquement. J'ai des enfants, mais ma vie est quand même finie...
(*Très long silence*)
- Qu'est-ce que j'étais pour elle ?... C'est peut-être ça que tu veux demander aux gens de la RAF ?
- Oui, oui.
(*Silence*)
- Tu n'es pas sûre d'avoir existé pour elle ?
- Si, je sens qu'elle nous aimait, mais c'est difficile de comprendre pourquoi elle nous a abandonnées. Je pense que c'est la seule déclaration de sa vie.

- Déclaration ?...
- C'est une déclaration pour moi.
- C'est-à-dire que lorsqu'elle a pris cette décision tout était dit ?
- Je crois que c'est possible pour d'autres mères d'abandonner leur enfant, quand une mère ne pense plus, qu'elle est triste, qu'elle en a marre. Mais elle non, ce n'est pas son cas, c'est autre chose...
- Au moment où elle vous a abandonnées, tu as senti que tu étais perdue pour elle, qu'elle était perdue pour toi...
- Je ne l'ai pas senti, mais maintenant je le sens. C'est ça que j'ai compris, l'année dernière quand j'étais toujours triste, cette chose... J'étais abandonnée, je me sens encore abandonnée, je n'ai pas encore compris pourquoi.

4. L'ARME

Astrid Proll

- Un jour, j'ai eu une arme, je l'ai portée et je l'ai toujours eue sur moi. Il y avait un consensus dans le groupe : chacun était armé pour se défendre, chacun devait porter son arme. Quelques-uns avaient des problèmes, mais ils la prirent quand même. Les hommes la portaient comme ça, dans leur pantalon, et les femmes dans leur sac. Moi, ça m'a occupée un certain temps car je ne savais pas si la porter dans le pantalon ou dans un sac, parce que je n'avais jamais de sac *(rires)*. Chacun a eu son petit dialogue avec soi-même pour savoir qu'en faire. C'était un nouvel instrument. Le fait que quelqu'un sache très bien s'organiser avec n'était jamais un point de critique, mais à l'inverse on critiquait quelqu'un qui n'y arrivait pas. On observait les autres, comment ils faisaient, comment elle ou il posait l'arme sur la table, comment il s'en débarrassait. On faisait comme si ce n'était pas un problème, mais c'était un problème.

- Ça vous occupait beaucoup ?
- Il y avait un membre du groupe, un homme qui prenait un peu des manières de cow-boy, et ça, on ne le voyait pas avec plaisir parce que porter une arme, ça devait se situer dans le cadre du « nouvel homme ». C'est-à-dire qu'il fallait trouver

la manière d'être armé tout en le cachant ; de ne pas jouer les maquereaux. Oui, ça nous a beaucoup occupés.

- La décision de s'armer vient de vous ; du jour au lendemain vous vous êtes trouvés avec une arme et vous avez créé de nouvelles pratiques...
- Ce truc de l'arme et de savoir comment s'organiser avec, là c'était les hommes qui avaient plus d'initiatives que les femmes. On avait des pistolets automatiques et des armes plus grandes, et c'étaient toujours les hommes qui les regardaient et qui les démontaient. Tout ça, personnellement, ça ne m'intéressait pas tellement. J'avais cette arme. Je m'y suis adaptée ; j'avais un bon rapport avec mon arme, au bout d'un certain temps. Mais il faut dire, c'est important, que vraiment, la première génération a tout inventé, que pour elle tout était nouveau. Nous, on était vraiment impliqués dans le processus de développement que les autres connaîtront plus tard. Par exemple, les gens qu'on arrête aujourd'hui, ils arrivent dans une situation déjà existante ; alors que pour nous, tout était neuf... Je voudrais corriger un point sur mon rapport avec les armes : les armes en soi ne m'ont jamais intéressée ; j'ai toujours eu peur de la violence, aujourd'hui encore. Et pourtant je me suis « impliquée » dans un groupe comme ça.

Cette arme, c'était une chose absolument différente de tout ce qu'on avait eu dans notre vie jusque-là. C'était vraiment le symbole d'une situation, le symbole du fait qu'on se trouvait dans une situation extraordinaire ; c'est-à-dire que l'arme elle-même m'a aussi un peu effrayée... Parce qu'il fallait toujours la cacher, alors qu'en même temps on savait à tout instant qu'on avait cette arme, qu'on avait une arme comme la police d'ailleurs. L'arme me rappelait la situation dans laquelle j'étais. Une situation loin des autres. Je me suis donc adaptée à cette situation de porter une arme, mais pas seulement ça. J'ai fait mon devoir, mon devoir de porter cette arme. Et je me suis habituée, et ça ne m'a plus effrayée. Quand on se réunissait, des gens la portaient, d'autres la posaient à côté ; tout était normal. Mais je n'ai pas été triste quand je ne l'ai plus eue. J'étais contente quand je ne l'ai plus eue. Je n'ai jamais eu le désir de retrouver mon arme. Mais il y a eu des gens pour qui ça a été difficile, pour qui c'était le symbole de la libération. Non... Moi, je n'ai jamais été triste après. Pour moi, ce n'était pas le symbole de la révolution. Il y avait des gens qui ne savaient pas quoi faire avec leur arme. Pour moi, ça n'a été ni un problème de l'avoir, ni de ne plus l'avoir. Je savais que c'était nécessaire d'avoir une arme. On me l'a donnée, on me l'a prise...

> *« L'arme est un symbole de la lutte et de la violence contre la police, c'est un miroir. Ils - la police - portent une arme que l'on a aussi, qui s'articule là comme un instrument, une espèce de chose qu'il faut porter, qui fait partie de l'uniforme, en gros. Un objet qui fait partie du costume.*
> *L'arme qui est plus qu'un signe de ralliement, qui est le signe qu'on est converti. Et puis le rappel permanent sur le corps qu'on est bien converti. Il y a tout le temps une référence au contact du corps avec l'arme. Ce n'est pas le signe pour l'extérieur mais pour soi. ...*

L'arme est vraiment le signe de la conversion, le signe de la vie convertie. L'arme n'a pas de fonction réelle, ça fait partie du vêtement »,
Dominique Clerc.

Katharina de Fries

- Ulrike a beaucoup parlé de l'identité, de l'action armée comme acte de liberté...
- Oui, et je ne crois pas qu'elle ait raison. Je crois au contraire que la prise d'arme est un acte d'esclavage. Je suis bien d'accord avec Bommi Baumann qui l'a bien écrit : « Si tu as un flingue dans la poche, tu commences à changer, tu marches autrement, tu penses autrement, tu n'as plus le même regard... », et tout ça, c'est de l'esclavage. J'ai horreur des armes et même avec mon maudit pistolet d'alarme, j'étais incapable de me mettre dans la tête comment ça fonctionne, ça me fait peur. Même ce truc-là me fait peur. C'est dégoûtant. Et quelqu'un qui me dit « on trouve son identité dans la lutte armée », et bien je suis désolée, il est malade. Il a changé de camp ! C'est pas possible. Peut-être y a-t-il des moments où il faut avoir une arme, moi je n'ai jamais été dans une situation comme ça.
- Alors, avec ton pistolet d'alarme tu te sentais comment ?
- Et bien voilà la preuve : j'ai bien senti quand j'avais ce pistolet qu'il était là pour faire peur, pour faire croire que c'était vraiment un pistolet ; il faut pas oublier le type qui était en face de moi. Premièrement, il a regardé le pistolet et il a eu peur ; j'ai lu cette peur dans ses yeux et ça m'a fait mal. Deuxièmement, il avait le sac avec l'argent et j'ai voulu

prendre le sac en lui disant « Donne-moi le sac, tu ne risques rien, alors, fais pas le con c'est sérieux ! ». Et là, il m'a regardé dans les yeux, et tout à coup il a lu dans mes yeux qu'il n'y avait pas de danger, alors il n'a pas lâché le sac.
(éclat de rire)
- Et alors ?...
- On était déjà encerclé par les flics ! Ça s'est terminé par « Les mains en l'air !» et un coup sur la tête ! Mon copain qui était avec moi a été jugé à Berlin, et ce type-là qui était devant mon pistolet a eu le courage - je l'adore pour ça- de dire en face du juge qu'il n'avait pas eu peur. Il a dit ça. Ça m'a fait énormément plaisir et en plus c'était bien pour mon copain... Il a chopé trois ans et il a été libéré au bout d'un an et quelque. Et moi j'ai été libérée sous caution.
/.../

- Ça faisait partie de mes phantasmes d'essayer de voir dans ma tête quelqu'un avec une balle qui traverse son corps et, minutieusement j'essayais de me rendre compte de ce qui se passait, et là, j'étais sûre que je ne pouvais pas. Mais quand même !... Il y a des femmes qui viennent de la vraie misère et qui ont autre chose en tête que de penser à ça. Parce qu'elles ont vécu des humiliations. Moi, je n'ai jamais senti la vengeance. Dans la vengeance, une femme peut être d'une force redoutable. Un homme aussi. J'ai toujours accepté les gens qui agissent avec une certaine vengeance, mais moi personnellement je peux pas. Je n'ai pas connu ces misères-là. Les filles de la deuxième et de la troisième génération, oui.
- D'accord, mais ces filles on les retrouve dans la lutte armée plutôt qu'à la tête d'une bande qui fait des hold-up...
- Oui, c'est vrai. Par contre les hommes n'ont pas ces problèmes-là.

Gerd Schneider

- J'ai accepté d'aller à Bagdad parce que je me promenais avec un pistolet et que je ne savais pas m'en servir (*grand rire*). Je suis allé à Bagdad pour m'entraîner, je ne me suis pas senti écarté... Car je suis arrivé dans le groupe tout d'un coup sans aucune préparation.
- Mais finalement ça ne t'aura pas servi à grand chose puisque tu t'es fait arrêter à ton retour...
- Au retour de Bagdad, je n'avais pas de pistolet sur moi. Mais dans l'appartement où je suis descendu il y avait une grenade, alors je l'ai prise, et c'est tout ce que j'avais quand on m'a arrêté (*rire*). /.../ Un des critères pour juger que quelqu'un est sûr ou pas, c'était « est-ce qu'il se sert des armes d'une bonne manière au bon moment ». Au moment où on m'a arrêté, c'était complètement fou de jeter la grenade. Je n'étais pas recherché. C'était une faute. C'est le résultat de la mauvaise influence d'un groupe qui disait que lorsqu'on nous arrêtait, il fallait tirer. D'où l'incertitude : que faire quand tu portes une arme et que tu es arrêté sans être recherché ? Mais tu es révolutionnaire, alors tu tires. Cette arme était un symbole, et un fétiche dans cette lutte armée. /.../

- Ces armes, pour les combattants de la lutte armée, c'est une sorte de signe. Le signe que tu as rompu avec toute la société, que tu es illégal car tu as une arme. Cette illégalité et cette arme ne sont pourtant pas nécessaires. On est venu à l'illégalité sans nécessité. On a décidé d'être illégal, sans être poursuivi. Moi, par exemple, je n'étais pas connu de la police au moment de mon arrestation. L'arme est devenue quelque chose d'irrationnel, on pourrait dire un fétiche, et aussi quelque chose qui a un certain sex-appeal. Je me souviens de A qui parlait de son arme comme de ce qu'elle avait de plus cher. L'arme ce n'était pas seulement un instrument, un outil ou n'importe quoi dont on a besoin pour se défendre ou autre. C'était plus que ça.

- Comment es-tu passé à la clandestinité?
- Pour moi, ce fut un processus très court. La préparation mentale fut longue, mais la décision très rapide. Le groupe te pose seulement la question "Vous voulez ou non?", tu dis oui, et alors... On m'a donné l'arme à ce moment-là, comme un outil qui fonctionne, et on m'a dit que faire avec, comment le porter, etc.
- La première fois que tu es sorti avec, tu t'es senti comment?
- La première fois ?... Comique ! (*rire*). Pas ridicule, mais... Je savais ce que cela signifiait, et je savais aussi que ce n'était pas nécessaire. Mais je savais que c'était le signe d'une décision.
- Comme un rituel?
- Non. Trop court pour être un rituel. Et trop réaliste. L'idéologie de la RAF imposait qu'il y ait rupture avec sa vie quand on entre dans le groupe. La nécessité, pour rentrer dans ce groupe, c'était l'illégalité. Et l'arme, c'est l'illégalité. Pour montrer que l'on a rompu avec la société. L'illégalité ne se décide pas sur des raisons opportunes et objectives, ou sur une nécessité, non. On est dans l'illégalité sans être poursuivi. Seulement pour montrer que j'ai fait une rupture avec toute cette société sale que je veux combattre. Que je suis un autre.
- D'autres groupes n'imposaient pas l'illégalité...
- C'est vrai. Ils étaient plus réalistes. Portaient une arme sur eux ceux qui étaient recherchés. Les autres travaillaient dans la légalité. Les autres sont des demi- choses. Ils ne sont pas conséquents. Ce n'est pas une lutte véritable, parce qu'ils

peuvent revenir en arrière. Tandis que quand on me donne une arme, c'est sans retour. Et c'est ce qui fait l'attrait des choses.
- Alors pourquoi ?
- Je crois pour me stabiliser. Tout cela est le résultat d'une instabilité personnelle et aussi de ma conscience politique... Alors on veut prendre une décision dont on puisse dire cette décision était à moi, c'était une décision véritable. Cette vérité se trouve dans le non-retour. Pour prendre un engagement qui brise les ponts derrière soi. /.../

> *« Le sacrifice, c'est aussi comme ça qu'ils se présentent de l'extérieur. Entrer en clandestinité comme on entre en religion. Cette identification au divin, y compris qu'ils finissent sacrifiés. La clandestinité, c'est un monde pur. Qui suppose la rupture de tous les liens, si tant est qu'ils aient existé »,*
> *Dominique Clerc.*

- Baader a dit "La guérilla c'est le groupe, mais chaque personne doit être à elle seule le groupe"...
- Entrer dans le groupe, pour certains, c'était une question de vie ou de mort. Mais cette politique au ras de la vérité, où l'on peut perdre sa vie peut être remarquable, vraie, c'est aussi le fruit désastreux de la toute-puissance.
- Vous parlez tout le temps d'identité, de vérité, et pourtant vous deviez vivre comme des bourgeois...
- Oui, on était habillé comme des bourgeois, avec un revolver sous la veste.

- L'arme résout le paradoxe?
- Oui, peut-être. Mais en plus cette arme était le signe de la toute-puissance, pas un moyen. Car en réalité seulement deux ou trois personnes savaient vraiment manier cette arme. Et pour les autres c'était seulement un signe. Le signe d'être en lutte, deuxièmement celui de sa toute-puissance et enfin le signe de son intégrité.
- Pourquoi cette lutte doit-t-elle passer par le signe?
- Il n'y a pas autre chose. Tu dois donner une preuve. Une preuve... Tu ne peux pas accompagner la RAF en disant, "Bon voilà j'ai une identité politique, je suis la RAF". Tu dois le montrer. Parce que les occasions sont rares où tu peux le montrer dans une action. La majeure partie du temps on mène une vie normale. Alors, pendant ce temps tu portes ton arme...

> *Le coup de l'arme qui n'est pas un moyen ! Un signe qu'ils se donnent à eux-mêmes. Un signe tangible puisqu'en effet tu la sens sur le corps... Un signe tangible que la conversion a eu lieu. C'est très religieux leur truc. Je ne pensais pas que c'était à ce point. Intégrité ? Au sens de quoi ? Religieux ?... Corporel ?... Une chose qui permette de se sentir corporellement exister. Intégrité morale ?...»,*
> Dominique Clerc

5. L'ACTE, LE DISCOURS

- *Et le discours*[45] *?*
- *Ça ? Quel discours ?... Le discours de quel sujet ?... C'est un discours sans sujet. C'est difficile. C'est pas un discours, c'est une litanie. Je crois que ça fait partie du jeu, c'est tout.*
- *C'est comme le groupe, c'est juste un contenant ?*
- *Même pas ! Vous savez, j'ai été rassuré quand j'ai lu dans* Deuxième génération, *à propos de la visite de Sartre à Baader à Stammheim, et que Sartre revient à Orly - il y avait là Geismar etc - et dit « Ben, ça a été du non dialogue. J'ai pas pu communiquer avec lui. Il n'a répondu à aucune de mes questions. Jamais il n'a accepté d'aller jusqu'au bout. Il ne faisait que répéter des formules. Jamais je n'ai pu parler avec lui »*[46].
- *C'est le discours inhabité dont vous parliez à propos de Rouillan...*
- *Oui, il veut toujours parler de l'universel en oubliant sa propre singularité. Il faut dire « Je » ! Même si on veut aller jusqu'à l'universel. Alors, ce récitatif, sincèrement, je ne sais*

---

[45] À propos des logorrhées des membres d'Action directe lors de leur procès pour l'assassinat de Georges Besse.
[46] D'après Cohn-Bendit, qui faisait office d'interprète, Sartre aurait dit en sortant de la prison « Quel con ! C'est un chinois incompréhensible ! », cf.. Le Nouvel Observateur n° 2296 daté du 06/11/2008.

pas ce que c'est. Sartre, il n'a pas su non plus. Même en voyant cela d'un point de vue psychiatrique, je ne sais pas. Ce n'est pas un contenant. Je n'arrive même pas à vous dire ce que ça peut être. Je dirais, une carte de visite. Mais une carte de visite n'est rien si vous n'écrivez rien dessus. N'importe qui peut l'imprimer à votre nom. Il n'y a rien de manuscrit. Et ils le font eux, de manière purement formelle, ce qui annule complètement la chose. Ce qu'ils disent, on n'en sait rien. Je crois qu'ils n'en savent rien non plus. /.../

Il y a un aphorisme psychanalytique qui dit « Qu'est-ce qu'un délire ? Le délire c'est la théorie d'un seul. Et qu'est-ce qu'une théorie ? C'est un délire à plusieurs ». Et là avec eux, quand le plusieurs est partagé par un petit groupe d'enfants qui sont dans un jeu, ça fait penser un peu à la table de multiplication quand on la chante... Quand on la chante comme ça, c'est pas opérationnel, si vous ne connaissez la multiplication qu'avec l'air de la chanson vous êtes incapable de faire une multiplication. Et eux, effectivement, on a l'impression que leur discours est une comptine.
- Une comptine affreuse...
- Affreuse ?... Même pas affreuse. Parce que ce n'est pas dans le discours qu'ils sont affreux, s'ils le sont, c'est autre chose. Ce discours n'inspire rien, ce n'est pas un contenant. Je ne sais pas ce que c'est. Parce que ce n'est pas possible de trouver les limites du corps dans un tel discours. Leur seule concession à la communication et aux processus formels que cela exige, c'est de faire semblant. On est aussi là dans le même faux semblant que la clandestinité, c'est-à-dire qu'ils utilisent le discours comme l'habit qui fait le moine, comme ils se déguisent en ouvrier ou en PDG.

- Ils tournent à vide...
- S'ils se contentaient de dérailler !

- *Ils revendiquent l'action mais pas l'acte, parce qu'il relève de l'individu ?*
- *C'est ça. Ils revendiquent l'acte au nom d'Action directe, mais ne diront pas si c'est Untel ou Untel.*

- *Qu'est-ce que cela signifie de ne pas vouloir parler de l'acte ?*
- *À partir du moment où ils entrent à AD, ils entrent en religion, comme les bonnes sœurs qui changent de prénom, qui perdent leur nom quand elles se marient avec Dieu. C'est pareil ! Une fois qu'ils sont entrés en religion, c'est la confrérie qui a fait le truc, c'est pas eux.*
- *Oui, mais quand même !... Qu'est-ce qui se passe ?*
- *Là, je crois que l'acte vient en lieu et place du délire. Dans la grande criminalité, on trouve des gens aux personnalités complètement tordues, et qu'est-ce qui fait qu'ils ne délirent pas ? Nathalie Ménigon inspire un peu cela ; ou Joëlle Aubron. C'est en cela que le discours plaqué sert à deux choses, entre l'acte et le processus discursif, ce sont les deux pendants qui leur permettent de ne pas délirer, ou de ne pas... Ce qui fait qu'on ne voit pas qu'elles délirent, mais c'est de cet ordre-là quand même... Il y a de gros problèmes caractériels. Entre eux quatre ça ne devait pas être triste ! Là, elles sont maintenues en équilibre entre l'acte d'une part et la façade discursive d'autre part, et entre les deux il n'y a aucune épaisseur de personnalité. C'est la violence à l'état pur, c'est sans personnalité.*
- *C'est effrayant...*
- *C'est très effrayant, parce que... Il y a eu des personnalités criminelles comme Mesrine, mais avec un tel narcissisme ! que l'on voyait quand même que c'était un homme, alors que là non, on voit rien.*

(*Échange avec le Docteur Dubec, à propos d'Action directe*).

- *Dans leur monde, il n'y a pas de continuité, il n'y a que des instants.* Et ce n'est qu'en intégrant petit à petit le monde extérieur, en sentiment de plaisir – déplaisir que le nourrisson peut arriver à désirer. Mais il n'y a pas de désir chez eux... L'acte de jugement qui pose la personne en tant que sujet, qui lui permet de dire « je », n'existe pas. Chez eux, c'est je crache ou je bouffe. Ils sont complètement dans l'immédiateté... Il n'y a pas de détour par la pensée. Leur discours n'est pas un discours. À la limite, leur discours est un acte.
- *Ils sont fous ?*
- Ils sont fous par rapport au bon sens. C'est-à-dire par rapport à notre logique à nous. Mais ils ne sont pas fous dans une logique de pensée, ils présentent une logique de pensée ; et les médias viennent renforcer l'affaire... C'est une régression phénoménale.

(Échange avec Dominique Clerc)

6. LES MORTS

« *L'essentiel, c'est de maintenir l'autre à l'intérieur de groupe* », Dominique Clerc.

Ilse Schwipper

- À partir du moment où tu considères la guérilla urbaine comme l'avant-garde du peuple tu te considères comme étant en guerre avec le monde entier. Et c'est tout naturel, quand tu es en prison que tu te considères comme prisonnier de guerre, le statut de prisonnier de guerre, ça veut dire pour les gens de la RAF que tu luttes dans un contexte international, dans un mouvement de libération international, et que tu réclames le statut de Genève.
- Beaucoup de groupes ne les ont pas soutenus sur cette voie.
- Le 2 juin et ses sympathisants ont toujours recherché un chemin proche de la masse. Par exemple, dans la prison on voulait des conditions identiques aux droits communs.
- Ce critère était important pour toi ?
- Si on s'arrête aux conceptions de la RAF, on voit qu'ils

préconisaient un ordre très centralisé, une société très centralisée, alors que le 2 juin préconisait l'inverse, « une république de conseil ».

- Tu comprends le choix de femmes comme Ulrike ou Gudrun?
- Oui, je peux. Je peux si je ne regarde pas les résultats. À l'époque, la lutte dans la guérilla était la possibilité pour les femmes d'être l'égale de l'homme. C'était une façon d'exister en pleine égalité. Je pense qu'à l'époque, c'était pour les femmes la possibilité de suivre le chemin de l'égalité de manière tout à fait conséquente.
- Conséquente... Elles sont allées jusqu'à la mort...
- *(Silence, puis violemment)* Je ne comprends pas ce que tu veux dire! D'après moi, Ulrike et les autres à Stammheim, ce n'était pas un suicide! À part ça, cet engagement, c'est comme la jouissance et la douleur, quand tu as pris la décision de lutter, tu n'as pas présent à la conscience que tu vas mourir. Mais est-ce que tu peux montrer une révolution sans morts?!
- Je parlais de leur mort à eux, et à ceux qu'il y a eu dans la rue, en prison ou ailleurs...
- D'accord! Au 2 juin aussi. Mais je m'oppose à cette question! Moi, comme femme, à chaque naissance, j'avais un pied dans la tombe. Tu peux mourir... tu peux mourir dans le sang. Une naissance n'est pas la garantie de vivre. Ni de survivre! La seule question, c'est comment vais-je faire ce chemin jusque là? Et si tu es convaincu que la lutte armée est juste... Je ne supporte pas qu'on compte les morts après (...).
La chose la plus importante, c'est le chemin. C'est ce que tu fais de ce chemin jusqu'à la mort. La circulation naissance - mort, tu ne peux pas l'évacuer, ni par la vie éternelle ni par aucun mystère. Je suis bien trop réaliste pour croire tout ça. Il faut seulement penser à toutes ces morts produites par

l'État, les accidents de la route ou le nucléaire... On parle de mille et mille choses dans la vie normale qui nous mènent à la mort. Mais du moment où un groupe armé commence à lutter, alors là, tout d'un coup la mort devient importante! Et là, je te demande pourquoi?

- Dans le sens où ils ont été actifs très peu de temps, dans le sens où ils ont pris une arme pour combattre le monde, dans le sens où l'on sent une grande violence dans leur choix...
- Tu ne peux pas faire de ça une question philosophique! La violence mène conséquemment à la mort dès lors que ta conception politique ne s'adresse pas seulement aux choses. Mais quand même! la police et les militaires peuvent tirer sur toi? Oui, oui!... Et ça n'a rien à voir avec la violence en général?!... Du moment où tu luttes contre un système de société avec conséquence, tu dois compter avec les autres, tu dois compter avec le fait qu'ils peuvent te tuer. Les prisonniers sont des gens sans arme. Les conditions dans lesquelles ils sont emprisonnés, c'est de la torture. Et là tu peux mourir. Tu peux mourir de cet isolement! Alors pourquoi la mort joue-t-elle un rôle si important?
- Tout simplement parce qu'ils sont morts.
- Oui, oui, naturellement. /.../

- Hier, en parlant de la grève de la faim des prisonniers tu as dit que tu avais eu envie de t'immoler par le feu. Tu es encore capable de mourir pour une cause aujourd'hui?
- *(Violemment)* Ce dont tu parles n'est pas important! Au moment où je décide de quelque chose, je ne pense pas à l'avance à tout ce qui peut m'arriver. J'ai fait des grèves de la faim, des grèves de la soif, au dix-neuvième jour j'ai perdu conscience et je n'ai jamais pensé à la mort! Je n'avais qu'une idée, quitter l'isolement. En finir avec l'isolement! Point final.

Katharina de Fries

- Notre société refuse la mort, et tout d'un coup, en parlant de la lutte armée on pourrait dire que des gens s'offrent le luxe le plus grand en disant « On tue celui-là parce qu'on en a décidé ainsi » ?
- Oui.
- C'est peut-être ce qui effraie le plus, car comme l'a dit Heinrich Böll : comment vingt Allemands peuvent-ils mettre en péril soixante millions d'autres ?
- Absolument. Car ceux qui décident « On n'a plus peur de la mort, et de toute façon on la cherche... Pourquoi est-ce que ce n'est pas moi qui déciderais ?... », au moins là-dedans il y a une idée qui me plaît, alors on y va. C'est une sorte de liberté fantastique !... Là-dedans aussi il y a ce côté allemand, le surhomme, Nietzsche, toute cette philosophie, se dépasser soi-même, par le courage, par une négligence du danger de mort qui joue aussi. Toute l'histoire allemande est marquée par cette philosophie. Et cette idée de race pure !... Il fallait le trouver ! Et maintenant qu'est-ce qui reste ?... Il reste rien. Nous sommes des crétins d'Allemands qui avons tué des Juifs et tout le reste. Au niveau des idées, il n'y a rien. Un peuple comme ça a besoin des idées.
/.../

- La RAF est la RAF à cause de ses destins tragiques ?
- La lutte armée est un mot qui ne me plaît pas beaucoup, parce que finalement quand on veut changer la société, l'utopie n'a rien à voir avec la mort, au contraire. On n'a pas envie de blesser quelqu'un, encore moins de le tuer. C'est imposé, toujours imposé.
- Alors, pourquoi en sont-ils arrivés là ?
- C'est le summum de situations bien subjectives, et ça n'a

rien à voir avec l'idée (...). Pour nous c'était très dur. On a beaucoup discuté. On était contre les actions qui faisaient des morts. Et en même temps on était obligé d'être solidaire avec les copains et les copines parce qu'il n'y avait personne d'autre. C'était très dur ; parce qu'en même temps on était coupé d'eux et on ne pouvait pas discuter avec eux.

Gerd Schneider

- Dans la clandestinité, tuer ce n'est pas important?
- Non, ce n'est pas très important... Mais ce n'est pas si facile. La barrière de tuer est trop loin. Le meurtre est légitimé par la politique et par l'idéologie. Et au-dehors, tu n'as pas cette légitimation. Car après, dehors, quand tu sors du groupe, qu'est-ce que tu fais de ce que tu as fait? Qu'est-ce que tu fais de ces meurtres, de ces hommes morts?... C'est pour cela que le discours et toute la légitimation politique se perpétuent, parce qu'on ne peut laisser la chose comme ça. En réalité, ces hommes et ces femmes de la lutte armée sont des moralistes graves : c'est pour cela que le discours se perpétue, pour ne pas laisser traîner les morts derrière soi.
- Continuer la lutte, ça veut dire rester avec ses morts?
- On ne peut pas changer ce qui est fait. On ne peut pas réveiller les morts. Il y a des faits que l'on ne peut absolument pas changer, et dire aussi simplement, "Non, notre politique est fausse, nous devons changer de ligne", cela retire aux morts, aux faits, aux crimes, tout leur sens. Alors ils deviennent inutiles, et s'avouer cela, c'est très difficile.

- Tu dis que ta position est nonchalante...

- Je dis nonchalant parce que je ne sais pas. Était-ce inutile? Était-ce utile? Faux ou juste?... Je sais seulement que je ne veux plus. Et bon, je fais autre chose. Ce n'est pas très moral, pas très scrupuleux. J'ai dû nier tous ces scrupules. Et nier toute cette question de sens et de non-sens, d'utilité ou d'inutilité... Cette question des morts est très importante, mais elle est sans solution. Commencer quelque chose qui ne peut avoir que des résultats catastrophiques, peut-être?... C'est une chose. Mais continuer seulement parce que l'on a commencé!...
- Mais ça peut être la seule raison ?
- Non, je ne crois pas. La seule raison pour les gens qui ont commencé cette lutte, qui sont entrés dans le groupe, qui ont fait des crimes, des meurtres, leur raison est de continuer parce qu'ils ont commencé. Il y a, il doit y avoir un autre chemin. On ne peut continuer à l'infini quelque chose qui est faux. On ne peut pas continuer parce qu'on ne veut pas voir les résultats.
- La voie de la nonchalance ?...
- Oh ! oui. Il faut oublier beaucoup.

« Ce sont les morts qui ont existé qui renforcent la cohésion jusqu'à la fin du groupe lui-même. On ne peut plus sortir de ça, parce que si tu sors de ça, les morts deviennent réalité. C'est absolu. Très intelligent. À partir de là, il y a les gens qui restent en taule avec leur radicalité et ceux qui sortent, mais avec leur culpabilité »,
Dominique Clerc.

- Lorsque tu parles des morts que l'on ne peut pas laisser derrière soi, tu parles des morts que l'on a faits ?... les morts du groupe ?...
- Ce sont les autres aussi. Mais ce sont surtout ses morts à soi, ceux qui relèvent de ta responsabilité personnelle. Mais même si tu n'es pas directement impliqué, à partir du moment où tu soutiens une action, un groupe armé, à partir du moment où tu ne t'y es pas opposé et que tu as porté une arme, pour tuer ou pour se défendre... La lutte armée ne signifie rien d'autre que tuer, et sous cet aspect chacun est responsable. La responsabilité juridique est autre chose.

/.../
- Tu dis que le groupe armé est fait pour tuer...
- Oui, mais pour se détruire soi. Parce que le problème de l'identité est très fort dans le groupe terroriste. On veut savoir ce qu'on pense, ce qu'on est.
- Par sa propre destruction ?
- Oh ! Oui. *(Long silence)*... En Allemagne, on a une position existentialiste, risquer sa vie est un critère d'honnêteté, de vérité. Ne pas calculer.

7. LA FIN

« Des actions terroristes isolées signifient agir à l'extérieur de la lutte de classes. Elles signifient aussi que l'on a perdu toute illusion, toute confiance dans la révolution. C'est du désespoir », Peter Homann, *Der Spiegel*, novembre 1971[47].

Katharina de Fries

- La RAF, elle, n'a jamais fait de choses drôles. Au 2 juin, un copain disait, « tout ce que tu peux faire avec une chaussette pleine de sable dans la poche et qui t'évite de prendre une arme, prends-le ». Lui, il avait toujours un truc comme ça dans sa poche. Schleyer, c'était la fin de la RAF. Plus personne n'était d'accord. Abattre quelqu'un comme ça d'une balle dans la nuque, c'était la fin. Pour la gauche, pour

---

[47] *La Bande à Baader ou la violence révolutionnaire*, Éditions Champ Libre, Paris, 1972, p.215.

tout le monde... Si les gens qui portent l'espoir de changer les choses font des choses pareilles, c'est comme les bolchéviques en Russie. Ça a été la fin de l'espoir pour un peuple. C'était la fin... Surtout quand on a le pouvoir ! Et à ce moment-là, ils avaient le pouvoir sur Schleyer... C'était déjà la fin dans tous ces petits cercles très fermés où ils avaient été recrutés, ces petits cercles de soutien aux prisonniers politiques. Je n'y avais pas accès car lorsqu'on se voyait on s'engueulait. Leur discours était mortel. Ils débarquaient de temps en temps dans notre communauté parce que de temps en temps ils avaient quand même besoin d'aide. Mais les discours !!! Ah la la !... De plus en plus stupide et ennuyeux ! On trouve toujours des gens bêtes ou qui ont besoin d'un psychiatre, qui sont mal dans leur peau. Et qui ont besoin de faire croire qu'ils sont quelqu'un. C'est lamentable. Ce que je dis est un peu arrogant, mais c'est sûr, dans tous les mouvements de gauche, tu trouves toujours des gens qui ont un manque physique ou mental. Parce que le mouvement de gauche est un mouvement d'émancipation. Je n'ai jamais vu autant d'handicapés qu'à l'époque où on manifestait dans les rues. C'était l'émancipation de tout le monde. Faut pas le blâmer, mais il ne reste plus que le manque. /.../

- La guerre du Vietnam était finie. Franco était mort. Le problème des groupes armés, c'est qu'ils n'arrivent pas à se dissoudre. Ce n'était pas seulement tragique parce que les destins... Ulrike... Imagine-toi une vie de couple ennuyeuse, deux enfants, un mec médiocre, avec tout ce tempérament ! Tout cet enthousiasme qu'elle avait. Elle n'allait nulle part. Elle a vécu ses propres limites. Elle est allée au bout de ses forces. Je trouve cela extraordinaire, même le suicide. Elle n'est pas morte à petit feu comme les autres. Elle a explosé, avec toute sa force et tous ses moyens... Il y a une attirance énorme pour ces vies-là, mais en même temps il y a un grand danger, parce que si l'on n'est pas un personnage comme elle, on part dans la tuerie. Quand je dis les limites, ce sont les limites portées par les idées humanitaires. Je ne regrette rien. J'ai vécu une amitié, une solidarité énorme. Pour être seulement cinq minutes au bout de soi-même, ça vaut le coup (...). Il faut aller jusqu'au bout de ses choses sinon tu deviens comme une pierre.

> « Ce qui est à tuer, c'est une part de soi »,
> Dominique Clerc.

> « Quand on est terroriste, on se fout éperdument du résultat. C'est-à-dire que le vrai terrorisme, on le commet à l'égard de soi-même et que la seule forme valable du terrorisme c'est le suicide »,
> Christian Péchenard.

Gerd Schneider

- Je me souviens que l'on a discuté de faire des actions suicidaires, des actions finales dans lesquelles le groupe se jette dans une dernière action.
- Mais comment un groupe en vient-il à décider d'une action collective suicidaire ?
- Je ne sais pas. Nous l'avons discuté après ce grand échec de Mogadiscio. De tout cela a résulté une grande dépression.

Le groupe est tombé dans un grand désespoir. C'est pour cela que quelques personnes ont songé à une action suicidaire ; comme un acte de désespoir. Comme un dernier moment, un dernier moyen, où tout est perdu. Nous sentions à ce moment-là que tout était perdu. Les prisonniers qu'on voulait libérer étaient morts. Et qu'est-ce qu'on pouvait faire maintenant ?...

- Tu ne penses pas que les prisonniers, puisqu'ils étaient au courant, aient connu le même désespoir que vous au moment où ils l'ont appris ?
- Oui, c'est ce que je crois. Pour eux aussi tout était fini. Car alors leur seule perspective, c'était de vivre le restant de leur vie en prison, sans aucune chance de retourner à une vie normale, dehors. Ils se sont battus pendant les procès ; ils ont fait cinq, six grèves de la faim, pour rien.
- À ce moment-là, vous étiez vaincus ...
- Oui, nous pensions que nous pouvions libérer les prisonniers par cette action. Nous avons mené ces actions sûrs de réussir.
- Mais cette fois-ci, vous avez joué gros. N'était-ce pas l'action de la dernière chance ?
- Nous avons tout joué, mais ce n'était pas hasardeux. C'était réfléchi. C'était estimé comme une chose réaliste. Mais finalement nous avons mal calculé. C'est vrai que c'était la dernière chance. Nous l'avons conçue sur le modèle de Peter Lorenz. Mais elle a échoué sur un détail technique.

- Cet échec a signé pour vous la fin du groupe ?
- Oui, nous l'avons discuté comme une fin. Nous nous sommes retrouvés dans une situation nouvelle : c'était la fin du politique. Mais nous ne pouvons finir ce mouvement ni ce groupe. Nous sommes dans l'illégalité, nous sommes poursuivis, nous ne pouvons continuer, nous ne pouvons continuer après la fin. Nous avions atteint le point de rupture,

je pense, entre deux générations. La première génération avait un motif politique, et après le détournement, les prisonniers étaient morts et on se retrouvait sans prisonniers. Le mouvement devait vivre de lui-même. Mais ce n'était plus qu'un cercle qui tournait à vide.
- Si vous au-dehors étiez saisis d'un tel désespoir, qu'en fut-il des prisonniers !... Un suicide n'a plus rien d'aberrant ?...
- Nous, dans notre groupe, nous savons clairement que c'était un suicide. Nous ne croyons pas que c'était un meurtre.
- Le groupe a eu aussitôt conscience de cela...
- Il n'a pas eu conscience. Il le sait.
(Long silence)

- C'était impossible de se relever de ça...
- Oui, mais on doit se relever. On doit faire quelque chose. La vie continue, la vie est partout. Et on doit continuer en l'absence de toute intention et de sens. Seulement la nécessité de vivre et de ne pas pouvoir finir avec une chose que l'on a commencée. Tout est fini. Cela donne le sentiment que toute action qui suit n'a aucun sens. On a pu concevoir qu'il y avait un certain sens dans l'attentat à la bombe de l'armée américaine pendant la guerre au Vietnam, mais il n'y a pas de sens dans l'assassinat de von Braunmühl[48]. Peut-être cela aurait pu avoir un certain sens ?... Mais pas dans les circonstances sociales d'aujourd'hui. Toutes ces actions sont seulement des « fanals », des signes. Mais on ne sait pas signe de quoi.
- Signe d'un non-sens, peut-être ?...
- Oui, ce sont seulement des actions qui tournent sur elles-mêmes.
- C'est en touchant ce non-sens que le groupe à pensé à une

---

[48] Secrétaire d'État de Gensher, attentat commis par la dite troisième génération, en 1988.

action suicidaire ?...
- On l'a discuté. Sans penser à des actions précises. On ne l'a pas fait... Mais quelques années plus tard, après mon arrestation et après l'arrestation de Peter-Jürgen Boock à Hambourg... Après son arrestation, il a raconté dans le *Spiegel* qu'une action contre un grand bal de l'armée avait été prévue, qu'ils avaient voulu occuper le centre de ce bal dans le château d'Heidelberg, et cela devait être une action finale dans laquelle ils auraient pu mourir avec tous les otages.
- Prendre un bal en otage, c'est beau, non ?
- C'est d'un nihilisme très profond.

> *« Le rêve du suicidé, c'est le capitaine Nemo, c'est de faire disparaître la terre pour me suicider. Parce que quand vous vous suicidez, c'est la fin du monde !... Seulement, personne ne le sait ! Les autres continueront comme des cons à vivre comme si le monde n'était pas fini. Alors que le monde est fini !... C'est ce qu'on appelle le suicide miroir »*, Christian Péchenard.

- Vous avez été arrêtés, alors que des femmes avaient choisi de rester au Moyen-Orient... Ce n'est pas la même façon d'en finir...
- On se battait encore. Pour être libres. Mais qu'est-ce qu'on pouvait faire ?... Bon... Quelques personnes sont restées au Moyen-Orient, bon. Mais... C'était une alternative, mais

cela signifiait aussi de se dire à soi-même que l'on a échoué, que la lutte est finie. Mais comment faire cela après une telle rupture avec toute la société, avec toute la vie au-dehors ?... C'est un peu le retour à la vie qui change la signification de la décision. C'est donc une fuite, ou quelque chose comme ça.
- Tu t'es posé la question ?
- Non. Ou je ne l'ai pas posée comme les autres. J'ai été étonné de cette réflexion. J'étais poursuivi. Je n'avais plus qu'une chose, une chose qui était tout à fait finie./.../

La RAF n'a pas de sens historique. C'est un événement que l'on peut comparer à un accident, à une catastrophe, qu'on ne peut pas expliquer rationnellement. C'est une affaire finie quand les gens ne sont plus là.

ÉPILOGUE

« *Ce qu'il faudra voir, c'est le jour où elles feront un retour, où elles réincorporeront ce qu'elles ont fait pour en parler. Ce jour-là, ce sera intéressant de voir ce qu'elles en diront. Il faudrait qu'elles éprouvent de la culpabilité... Mais ils n'ont rien respecté. Même pas la grève de la faim ! Ca montre bien qu'il n'y a aucun idéal qui est moteur pour ne rien respecter à ce point-là. Les Irlandais, eux, sont morts pour leur idéal. Eux, ils n'ont rien respecté. Et si jamais ils arrêtent de jouer, ils risquent de se suicider* »,
Dr Dubec, à propos d'Action directe.

ANNEXES

Les « Repères chronologiques » et les « Notices biographiques » ont été établies notamment à partir de la thèse de 3ème cycle d'Anne Steiner (1985), publiée avec Loïc Debray sous le titre « *La Fraction Armée Rouge – Guérilla urbaine en Europe occidentale* », Méridiens Klincksieck, Paris, 1987, et rééditée chez L'Échappée en 2006.

A. Repères chronologiques

B. Notices biographiques

A. Repères chronologiques

1966-1967
Premières manifestations contre la guerre du Vietnam. Création des « Kommune » berlinoises 1 et 2.

2 juin : une manifestation à Berlin contre la visite du Shah d'Iran tourne à l'émeute, un étudiant, Behno Ohnesorg, est tué par la police.

1968
Nuit du 3 au 4 avril : incendie dans deux grands magasins à Francfort. Les quatre incendiaires, dont Andreas Baader et Gudrun Ensslin, sont arrêtés dès le lendemain. Ils seront condamnés à trois ans de prison ferme.

11 avril : Rudi Dutschke, leader du Mouvement des étudiants socialistes allemands (SDS) est victime d'un attentat ; grièvement blessé au cerveau, il mourra des suites de ces blessures en décembre 1979.

1969
Huit attentats à l'explosif sont commis à Berlin entre 1968 et 1969.

13 juin : les quatre incendiaires de Francfort sont libérés après 14 mois de préventive ; Baader et Ensslin gagnent la clandestinité avant leur procès en appel qui doit se tenir en novembre.

1969-70 : **Amnistie** prononcée pour les inculpés dans des délits mineurs commis lors de manifestations ; des membres de la RAF et des sympathisants sont ainsi libérés.

1970
Fondation du SPK (Collectif des patients socialistes) à **l'Université d'Heidelberg** par le Dr Wolgang Huber.

Le noyau de la RAF semble constitué, avec principalement l'avocat Horst Mahler, Andreas Baader, Ulrike Meinhof, Gudrun Ensslin.

4 avril : Arrestation d'Andreas Baader lors d'un banal contrôle routier.

15 mai : évasion de Baader de la bibliothèque de l'Institut de sciences sociales de Dalhem grâce à un commando armé ; un policier est tué.

Le sigle RAF apparaît, dans un communiqué de presse revendiquant la libération de Baader.

Juin : plusieurs membres du groupe partent via Berlin-Est s'entraîner dans un camp du FPLP en Jordanie.

Septembre - octobre : suite à l'attaque de trois banques à Berlin-Ouest, cinq membres de la RAF dont quatre femmes sont arrêtés dans un appartement.

Novembre : vols de passeports et de cartes d'identités dans les mairies de Neustadt et de Lang-Göns.

1971
10 février : à Munich, fusillade entre la police et militants présumés de la RAF.

Juin : arrestation de sept membres du SPK.

15 juillet : à Hambourg, Petra Schelm est abattue par la police lors d'un contrôle routier.

22 octobre : à Hambourg : fusillade entre membres présumés de la RAF et la police ; un policier est tué.

Décembre :
- à Berlin, Georges von Rauch est tué par la police lors d'un contrôle d'identité ; de nombreuses manifestations suivent ;
- Heinrich Böll dénonce dans le *Spiegel* le rôle de la presse allemande inféodée à l'État.

1972
2 mars : à Augsbourg, Thomas Wiesbecker est tué lors d'une opération de la police contre la RAF.

2 mars : à Hambourg, fusillade entre policiers et membres de la RAF ; un commissaire de police est tué.

11 mai : **à Francfort, attentat à la bombe au quartier général américain** ; un officier est tué ; action revendiquée par le commando Petra Schelm.

12 mai : à Augsbourg, attentat à la bombe contre la direction de la police,
12 mai : à Munich, attentat à la bombe contre un parking de la police criminelle.

15 mai : à Karlsruhe, explosion de la voiture du juge chargé de l'instruction contre des membres de la RAF, sa femme est blessée.

19 mai : à Hambourg, **attentat contre le groupe de presse Springer** (trente-quatre ouvriers sont blessés).

24 mai : à Heidelberg, **attentat contre le quartier général américain** (trois militaires sont tués, et six autres sont blessés).

27 mai : publication par les journaux allemands de la liste des dix-neuf membres de la RAF activement recherchés, avec leurs photos. Suivront huit **arrestations** en quinze jours :
- 1er juin : Andreas Baader, Jan-Carl Raspe et Holger Meins sont arrêtés dans un garage à Francfort ; deux cent cinquante policiers et des blindés participent à l'opération ;
- 7 juin : Gudrun Ensslin à Hambourg ;
- 9 juin : Brigitte Mohnhaupt et Bernhard Braun à Berlin ;
- 15 juin : Ulrike Meinhof à Hanovre ; elle sera mise à l'isolement complet à la prison de Cologne - Ossendorf ;
- d'autres suivront en juillet : Irmgard Möller, Klaus Jünschke...

1973
17 janvier - 15 février : **première grève de la faim** de quarante prisonniers politiques qui réclament la suppression de l'isolement.

8 mai - 2 juin : **deuxième grève de la faim**, toujours contre l'isolement.

1974
13 septembre : début de la **troisième grève de la faim,** qui sera la plus longue , car « tournante » ; Holger Meins meurt au 53ème jour, en novembre ; de nombreuses manifestations suivront.

10 novembre : **assassinat du juge von Drenckmann**, président de la cour suprême de Berlin-Ouest ; opération revendiquée par le mouvement du 2 juin.

11 - 30 novembre : plusieurs incendies dans des locaux ou sur des véhicules de la police à Berlin, Hambourg, et Göttingen.

4 décembre : **visite de Jean-Paul Sartre à Andreas Baader** à la prison de Stammheim.

1975
5 février : fin de la troisième grève de la faim.

27 février : **enlèvement de Peter Lorenz, député CDU** de Berlin ; l'action, parfaitement organisée, est revendiquée par le 2 juin qui réclame la libération de six membres de la RAF (dont Horst Mahler, membre fondateur de la RAF qui préfèrera rester en prison car il est en train de se dissocier) ; un Boeing-707 sera mis à leur disposition et se posera à Aden avec les cinq prisonniers libérés. Peter Lorenz sera libéré le lendemain, mais plus jamais l'État allemand ne négociera avec les terroristes.

Mars : plusieurs avocats dont Klaus Croissant se voient interdire la défense de leurs clients de la RAF au procès de Stuttgart car suspectés de complicité avec ceux-ci.

24 avril : **occupation de l'ambassade d'Allemagne à Stockholm** par un commando de la RAF ; il réclame la libération de vingt-six prisonniers en échange des otages ; cette opération se solde par plusieurs morts de part et d'autre et de nombreux blessés.

12 mai : l'avocat Siegfried Haag (fondateur du Comité contre la torture d'Heidelberg) déclare publiquement qu'il passe à la clandestinité.

21 mai : **ouverture du procès de Baader, Meinhof, Raspe, et Ensslin à Stuttgart** ; un procès très médiatisé qui se déroule dans des conditions de sécurité exceptionnelles.

21 décembre : prise d'otages à Vienne lors d'une réunion des pays membres de l'OPEP, par les Cellules Révolutionnaires.

1976
9 mai : **Ulrike Meinhof est découverte pendue dans sa cellule.**

Entre le 9 et le 25 mai : de **nombreux attentats à l'explosif et incendies volontaires** ont lieu en RFA, à Paris et à Rome, pour dénoncer la mort d'Ulrike Meinhof.

1er juin : à Francfort, une bombe explose au quartier général des forces américaines (seize blessés).

27 juin : **détournement d'un Airbus d'Air France** assurant la liaison Paris - Tel-Aviv par un commando composé de Palestiniens et d'Allemands lequel réclame la libération de cinquante-trois passagers dont des Allemands de la RAF et du 2 juin ; **l'action prend fin à Entebbe**, les sept membres du commando sont abattus.

1977
30 mars - 30 avril : **quatrième grève de la faim** des prisonniers ; ils demandent à être réunis par groupes, et

réclament le traitement de prisonniers de guerre tel que défini par la convention de Genève (1949).

8 avril : assassinat du procureur fédéral Siegfried Buback par le « commando Ulrike Meinhof » ; deux autres personnes sont également abattues.

28 avril : procès au tribunal de Stuttgart en l'absence des accusés et de leurs avocats : prison à vie pour A. Baader, G. Ensslin et JC Raspe.

11 juillet : l'avocat Klaus Croissant demande l'asile politique à la France.

30 juillet : **assassinat de Jürgen Ponto, Président de la Dresdner Bank** par un commando de la RAF (composé notamment de Suzanne Albrecht, Brigitte Mohnhaupt et Christian Klar).

5 septembre : **enlèvement de Hanns-Martin Schleyer, président du patronat allemand** à Cologne, son chauffeur et trois gardes du corps sont abattus ; le « commando Siegfried Hausner » réclame la libération de onze prisonniers (dont Baader, Ensslin, Raspe…).

13 octobre : **détournement d'un Boeing** de la Lufthansa assurant la liaison Majorque - Francfort par un commando palestinien en soutien à la RAF lequel exige encore une fois la libération de onze prisonniers de la RAF, ainsi que celle de deux Palestiniens détenus à Istanbul.

17 octobre : un groupe d'élite de la police allemande met fin à la prise d'otages sur l'aéroport de **Mogadiscio,** en Somalie, où le Boeing avait finalement atterri après des tribulations

sur divers aéroports du Moyen-Orient ; trois membres du commando palestinien sont abattus.

Nuit du 17 - 18 octobre : **les corps de Baader, Raspe et de Gudrun Ensslin sont découverts** sans vie dans leurs cellules du tristement célèbre $7^{\text{ème}}$ étage de la prison de Stuttgart - Stammheim ; Irmgard Möller est retrouvée la poitrine lacérée de coups de couteau et survivra.

19 octobre : **le corps de Hanns-Martin Schleyer** est retrouvé dans le coffre d'une voiture à Mulhouse, une balle dans la nuque.

12 novembre : Ingrid Schubert se pend dans sa cellule à Munich.

**Troisième (et quatrième) génération,
principales actions commises :**

- assassinat d'Ernst Zimmerman, président de l'Aérospatiale, le 1er février 1985 ;
- attentat contre la base américaine de Francfort qui fait deux morts, le 8 août 1985 ;
- assassinat de Beckurts, président de la Commission Nucléaire Allemande et dirigeant de Siemens, le 9 juillet 1986 ;
- attentat contre la Bundesgrenzschutz (Police fédérale allemande des frontières), le 11 août 1986 ;
- assassinat du Dr Gerold von Braunmühl, directeur général au Ministère des affaires étrangères, le 10 octobre 1986 ;
- assassinat du président de la Deutsche Bank, Alfred Herrhausen, le 30 novembre 1989, peu après la chute du Mur de Berlin.

- Sans compter les attentats qui ont échoué : contre deux secrétaires d'État, Hans Tietmeyer en 1988 et Hans Neusel en 1990 ; et le ministre fédéral de l'Intérieur Wolfgang Schäuble en 1990.

- Le dernier attentat meurtrier a coûté la vie à Devtlev Karsten Rohwedder, président du « Treuhandanstalt » (organisme chargé de la privatisation des entreprises des nouveaux « Länder » de ex-RDA), le 1er avril 1991.

1998
La RAF annonce son autodissolution par un document adressé en mars à l'agence de presse Reuters et rendu public le 21 avril.

B. Notices biographiques

. Première génération de la RAF

. Andreas BAADER : né en 1943 à Munich ; son père meurt sur le front russe en 1944 ; lycéen indiscipliné ; militant de l'opposition extraparlementaire APO[49] ; il part à Berlin ; vit avec la peintre Ellinor Michel avec qui il a une fille, Suzanne, en 1965 ; participe au mouvement étudiant et à la vie de la « Kommune 1 » de Berlin (1967 - 68) ; c'est dans ce milieu qu'il rencontre Gudrun Ensslin ; le 3 avril 68, ils provoquent la première action revendiquée par la RAF, un incendie dans deux grands magasins de Francfort en protestation contre la société de consommation et pour dénoncer la guerre conduite par les Américains au Vietnam; arrêté en 1972 ; il se suicide dans sa cellule de la prison de Stammheim d'une balle dans la nuque la nuit du 17 au 18 octobre 1977.

. Gudrun ENSSLIN : née en 1940 près de Stuttgart, fille d'un pasteur, membre de la Jeunesse évangélique dans sa jeunesse ; vit avec l'éditeur et écrivain Bernward Vesper (qui se suicidera en 1971) dont elle aura un fils en 1967 ; ils se séparent en 1968 ; participe avec Baader aux incendies de Francfort en protestation contre la guerre du Vietnam ; passe à la clandestinité en 1969 et est arrêtée à Hambourg en juin 1972 ; elle se pend dans sa cellule la nuit du 17 au 18 octobre 1977.

. Irene GOERGENS : née en 1951 à Berlin, fille illégitime d'un militaire américain ; fugues à l'adolescence, placée

---

[49] *Außerparlamentarische Opposition*, très active au milieu des années 1960.

dans un foyer où elle rencontrera Ulrike Meinhof qui est alors en train d'écrire une pièce pour la radio sur le sujet ; Meinhof la fait sortir du foyer ; I. Goergens est liée à la RAF dès 1970 ; elle participe aux premières actions et était certainement du voyage dans un camp en Jordanie en l'été 1970 ; arrêtée fin 1970, condamnée à sept années de prison ; libérée en 1977.

. Manfred GRASHOF : né en 1946 à Kiel ; étudiant à Berlin, vit dans la fameuse « Kommune 1 », première communauté créée en Allemagne en 1967 ; insoumis, il est défendu par Horst Mahler ; participe au stage dans le camp FPLP en 1970 ; il blesse mortellement un officier de police lors de son arrestation à Hambourg en 1972 ; condamné à la réclusion à perpétuité en 1977, prend ses distance avec la RAF en 1978 ; amnistié et libéré en 1988 après dix-sept ans de prison.

. Marianne HERZOG : née en 1939 ; journaliste de radio, vit à Berlin ; proche de toute la mouvance d'extrême gauche berlinoise, RAF, 2 juin…; condamnée en 1973 à deux ans et demi de prison pour association criminelle.

. Peter HOMANN : né en 1936, fils de médecin, peintre et journaliste ; compagnon d'Ulrike Meinhof à Berlin en 1968-70 ; il rompt avec la RAF, dès après la libération de Baader par un commando armé (en mai 1970).

. Klaus JüNSCHKE : né en 1947 à Mannheim, étudiant en psychologie, proche du SPK ; il rejoint la RAF en 1971, participe aux attentats de 1972, est arrêté en 1972 avec Irmgard Möller ; amnistié et libéré en 1988 après 16 ans de prison.

. Horst MAHLER : né en 1936 en Europe de l'Est ; à la mort de son père (1949) la famille passe à l'Ouest; membre du

SDS ; avocat à Berlin, est l'un des membres fondateurs de la RAF ; arrêté dès 1970 après les premiers hold-up de la RAF, il est condamné à 14 ans de prison ; il se dissocie de la RAF par une lettre adressée au *Spiegel* en 1971 ; libéré en 1980. Il s'est depuis rallié à l'extrême droite.

. Ulrike MEINHOF : née à Oldenbourg en 1934 ; milite à l'APO ; journaliste à *Konkret* ; en 1961, elle épouse Röhl, le patron fondateur de ce journal de gauche ; deux jumelles naîtront de ce mariage en 1967 ; le couple divorce en 1968 et Meinhof part vivre à Berlin ; très engagée sur des questions sociales (foyers « de redressement » de jeunes filles, en particulier) ; passe l'été 1970 dans un camp palestinien avec plusieurs membres de la RAF ; Ulrike Meinhof aurait manifesté son désaccord avec les actions les plus violentes, menées notamment contre le groupe Springer à Hambourg (mai 1972) ; elle est arrêtée le 15 juin 1972 ; elle est détenue dans des conditions extrêmement difficiles. Elle se pend dans sa cellule le 9 mai 1976.

. Holger MEINS : né en 1941 à Hambourg ; membre de la Jeunesse Évangélique durant son adolescence ; fait des études de technicien du cinéma ; il rejoint la RAF en 1971 ; a la réputation d'être un excellent tireur ; il est arrêté avec Baader et Raspe en 1972 ; participe à la troisième grève de la faim dont il meurt au $53^{\text{ème}}$ jour, en novembre 1974. Ses derniers écrits sont d'une grande radicalité[50].

. Irmgard MÖLLER : née en 1947 à Bielefeld ; étudiante à Munich ; elle rejoint la RAF en 1971 et est arrêtée en 1972

---

[50] « *La dernière lettre de Holger Meins, avant son assassinat. À un camarade de prison qui venait d'interrompre sa grève de la faim* », datée du 31 octobre 1974, in « *Textes des prisonniers de la fraction armée rouge et dernières lettres d'ulrike meinhof* », cahier libre 337, françois maspero, p.46.

avec Klaus Jünschke ; emprisonnée à Stuttgart - Stammheim, « elle rate » son suicide dans la nuit du 17-18 octobre ; elle sera condamnée à perpétuité lors de son second procès en 1979 (pour sa participation aux attentats de 1972).

. Brigitte MOHNHAUPT : née en 1949 ; entreprend des études d'histoire à Munich en 1971 et rejoint la RAF ; est arrêtée dès 1972 et condamnée à quatre ans de prison pour appartenance à association criminelle ; libérée en 1977, elle retourne à la clandestinité ; après la mort des membres fondateurs, elle est considérée (avec Christian Klar) comme la pièce maîtresse de la deuxième génération ; arrêtée en 1982, elle est accusée d'avoir participé aux actions meurtrières de la RAF jusqu'à cette date ; reconnue coupable par le tribunal de Stuttgart d'une participation à neuf meurtres, elle est condamnée à perpétuité. Sa libération en mars 2007 a fait l'objet de débats passionnés dans la presse allemande.

. Astrid PROLL : née à Kassel en 1947 d'un père architecte ; proche de la RAF à partir de 1968 ; aurait participé à la libération de Baader en 1970 ; aurait suivi une formation militaire en Jordanie et aurait participé à des attaques de banques la même année à Berlin ; elle est arrêtée à Hambourg en 1971 ; photographe journaliste, elle vit à Hambourg.

. Jan Carl RASPE : né en 1944, fils d'un industriel qui meurt avant sa naissance ; fait des études de chimie, puis de sociologie, militant pacifiste ; co-fondateur avec des membres du SDS de la « Kommune 2 » à Berlin en 1967 ; est très actif dans un « Kinderladen » ; il rejoint la RAF en 1970 ; il est considéré comme le faussaire de l'organisation et est souvent décrit comme une personne amène ; il est arrêté en compagnie de Baader et de Holger Meins ; il se suicide à Stammheim la nuit du 17 au 18 octobre 77.

. Petra SCHELM : née en 1951 à Berlin ; travaille comme coiffeuse, militante de l'APO[51] ; rejoint la RAF en 1970. Abattue par la police en 1971 lors d'un contrôle routier.

. Ingrid SCHUBERT : née en 1944 ; docteur en médecine ; fait partie du noyau historique de la RAF ; aurait participé au stage d'entraînement dans un camp palestinien en l'été 1970 ; a participé à plusieurs attaques de banque à Berlin en 1970 ; elle est des prisonniers dont la libération a été réclamée lors de plusieurs actions (détournements d'avion Entebbe et Mogadiscio, enlèvement de Schleyer...) ; arrêtée en octobre 1979, condamnée à treize ans de prison. Elle se pend dans sa cellule de la prison de Munich le 12 novembre 1977, peu après la mort de ses camarades à Stammheim.

. Deuxième génération de la RAF

. Suzanne ALBRECHT : née en 1951 dans la bourgeoisie de Hambourg ; étudiante en sociologie, travaille dans un « Kinderladen » (jardin d'enfants alternatif), milite dans un « Comité contre la torture » avant d'entrer dans la RAF en 1974 ; Jürgen Ponto, directeur de la Dresdner Bank est un ami de son père et son parrain ; elle fait partie du commando qui devait enlever ; cette action s'est soldée par l'assassinat de Ponto. En cavale après la débâcle de l'automne 1977, elle est arrêtée à Berlin-Est en 1990 (de même qu'une dizaine d'autres membres de la deuxième génération qui avaient

---

[51] *Außerparlamentarische Opposition*, Opposition extraparlementaire très active au milieu des années 1960.

refait leur vie à l'Est) ; condamnée en 1991 à douze ans de prison ; libérée en 1996.

. Verena BECKER : née en 1953 ; employée standartiste ; membre du 2 juin passée à la RAF ; arrêtée et condamnée à six ans de prison pour attaques à main armée ; libérée en 1975 en échange de Peter Lorenz ; accusée d'avoir participé à l'attentat contre le procureur Siegfried Buback ; arrêtée fin 1977, elle est condamnée à la perpétuité ; amnistiée et libérée en 1989 après 15 ans de prison.

. Peter-Jürgen BOOCK : né en 1952 ; drogue et tentative de suicide à l'adolescence, placé en foyer de jeunes délinquants à 18 ans ; participe au mouvement de révolte des foyers où il fait connaissance de Baader, Astrid Proll, etc ; il est accusé d'avoir participé aux affaires Ponto et Hanns-Martin Schleyer ; arrêté en 1980, condamné à quatre fois perpétuité ; libéré en 1998.

. Siegfried HAAG : né en 1946 ; avocat à Heidelberg, crée le Comité contre la torture, « recrute » plusieurs membres marquants de la deuxième génération la RAF ; est l'avocat de Baader et de Holger Meins (qui mourra d'une grève de la faim en 1974) ; annonce publiquement sa décision de gagner la clandestinité en 1975 ; arrêté en novembre 1976 près de Francfort, condamné à quinze ans de prison en 1979 ; libéré en 1987.

. Sieglinde HOFFMAN : née en 1945 ; travaille au cabinet de l'avocat Siegfried Haag, ancien membre du SPK (Collectif de patients socialistes) de Heidelberg, et milite au « Comité contre la torture » ; soupçonnée d'avoir participé aux actions de 1977 ; arrêtée en 1979 à Paris, elle est extradée vers la RFA et condamnée à la prison à perpétuité ; libérée en 1999.

. Christian KLAR : né en 1952 ; étudiant à Heidelberg, milite au « Comité contre la torture » de l'avocat Siegfried Haag ; passe à la clandestinité en 1976 ; est avec Brigitte Mohnhaupt considéré comme le meneur de la deuxième génération ; soupçonné d'avoir participé activement (qui tenait l'arme ?...) aux affaires Buback, Ponto et Schleyer conduites en 1977 ; arrêté en 1982 en compagnie de Brigitte Mohnhaupt et condamné à cinq fois la prison à vie. Sa demande de grâce auprès du président fédéral, Horst Kölher, a été rejetée, demande qui a provoqué de vifs débats au sein de la classe politique, et l'indignation notamment de la part des familles des victimes des attentats de l'année 1977 ; C. Klar n'a jamais pris ses distances avec les milieux radicaux. Sa libération, en décembre 2008[52] après vingt-six ans de prison, a fait polémique en Allemagne.

. Gerd SCHNEIDER: né en 1948 ; étudiant en mathématique ; accusé d'avoir participé à des attentats à l'explosif ; arrêté en novembre 1977, il fut condamné à quinze ans de prison ; libéré en 1988.

. Günther SONNENBERG : né en 1954 ; commence des études de sociologie et d'histoire à Heidelberg où il partage un appartement avec deux futurs membres de la RAF (C. Klar et K. Folkerts) ; milite au Comité contre la torture ; clandestin dès 1976 ; arrêté en 1977 en compagnie de Verena Becker, arrestation dont il sort grièvement blessé ; accusé d'avoir participé à l'attentat contre Buback ; est condamné à perpétuité en 1978 ; libéré en 1992.

---

[52] Ainsi, un seul membre de la RAF serait à ce jour encore incarcéré : Birgit Hogefeld (de la 3ème génération), condamnée à perpétuité en 1996 pour le meurtre d'un soldat américain et pour un attentat à la bombe contre une base américaine à Francfort en 1985.

. Angelika SPEITEL : née en 1951 ; elle se marie en 1969 et a un enfant ; n'a pas d'activité professionnelle fixe ; en 1974, elle commence à militer dans le « Comité contre la torture », puis entre comme secrétaire au cabinet de Klaus Croissant ; soupçonnée d'avoir participé aux actions de 1977, elle est arrêtée en 1978 et condamnée à perpétuité ; amnistiée et libérée en 1989 après onze ans de prison.

. Stefan WISNIEWSKI : né en 1953 ; placé dans un foyer à l'adolescence pour des actes de vandalisme, il se politise dans le cadre des foyers, puis milite dans un « Comité contre la torture » ; il est accusé d'avoir participé aux affaires Buback et Schleyer ; arrêté en 1978, il est condamné à perpétuité ; libéré en 1999.

. **Mouvement du 2 juin**

. Bommi BAUMANN : né en 1948 à Berlin ; proche du SDS, membre des Rebelles du Hasch ; et des Tupamaros Berlin-Ouest.

. Katharina de FRIES : née en 1934 en Allemagne de l'Ouest ; son père a été arrêté en 1944 par la Gestapo, c'est de lui qu'elle tient ses convictions antifascistes ; déçue par la gauche allemande, elle se tourne vers l'extrême gauche et rejoint le 2 juin; elle est journaliste et écrivain ; elle est mariée et mère de cinq enfants ; elle est arrêtée en novembre 1980 à l'issue d'un hold-up ; elle a fait plusieurs séjours en prison en Allemagne et en France où elle vit depuis 1981.

. Ilse SCHWIPPER : née en 1937 à Wolfsbourg ; proche du 2 juin ; arrêtée en 1971, puis en en 1974, passe douze ans en détention ; vit à Berlin.

BIBLIOGRAPHIE

ACQUAVIVA, Sabino, *Guerriglia e guerra rivoluzionaria in Italia*, Rizzoli, Milano, 1979, 175p.
À *propos du procès Baader - Meinhof*, Christian Bourgois, Paris, 1975, 360p.
AUGÉ, Marc, *Pouvoirs de vie, pouvoirs de mort*, Flammarion, Paris, 1977, 216p.
BALDUCCI, FERRARA e KATZ, *Il Caso Moro*, Tullio Pironti, Napoli, 1987, 410p.
BAUMANN, Michael « Bommi », *Tupamaros Berlin Ouest. Comment tout a commencé*, Les Presses d'aujourd'hui, 1976 ; réédité chez Nautilus sous le titre, *Passage à l'acte - Violence politique dans le Berlin des années soixante-dix*, traduit et préfacé par Jutta Bruch, Paris, 2008, 188p.
BOCCA, Giorgio, *Il terrorismo italiano 1970/1978*, Rizzoli, Milano, 1979, 158p.
BÖLL, Heinrich, *L'honneur perdu de Katharina Blum*, Le Seuil, Paris, 1978.
BONANATE, Luigi (a cura di), *Dimensioni del terrorismo politico*, Franco Angeli Editore, Milano, 1979, 347p.
CHALIAND, Gérard, *Stratégies de la guérilla*, Payot, Paris, 1994, 938p.
CHANGE, *Allemagne, en esquisse*, Seghers/Laffont, Paris, 1979, 230p.
CHARNAY, Jean-Paul (sous la direction de), *Terrorisme et culture*, Les Cahiers de la fondation pour la Défense nationale, supplément au numéro 11, Paris, 1981, 210p.
DEMSKI, Eva, *Une mort apparente*, Albin Michel, Paris, 1988, 328p.

ENRIQUEZ, Eugène, *De la horde à l'État*, Gallimard, Paris, 1988, 460p.

Esprit, *Terrorisme en Allemagne*, déc. 1977.

EVOLA, Julius, *Révolte contre le monde moderne*, L'Age d'homme, Paris, 1991, 455p.

FAURÉ, Christine, (textes réunis et présentés par), *Quatre femmes terroristes contre le tsar*, François Maspéro, Paris, 1978, 300p.

FÉRAL, Thierry, *Le National-socialisme. Vocabulaire et chronologie*, L'Harmattan, 1998, art. « Volkswagen ».

FREUND, Julien, *Utopie et violence*, Marcel Rivière et Cie, Paris, 1978, 259p.

FURET, François, LINIERS Antoine, RAYNAUD, Philippe, *Terrorisme et démocratie*, Fayard, Paris, 1985, 226p.

GEISMAR, Alain, *L'engrenage terroriste*, Fayard, Paris, 1981, 179p.

HAMON, Alain et MARCHAND, Jean-Charles, *Action directe - Du terrorisme français à l'euroterrorisme*, Le Seuil, Paris, 1986, 252p.

JACQUARD, Roland, *La longue traque d'Action directe*, Albin Michel, Paris, 1987, 235p.

KLEIN, Hans-Joachim, *La Mort mercenaire*, Paris, Le seuil, 1980, 295p.

KOHSER-SPOHN, *Mouvement étudiant et critique du fascisme en Allemagne dans les années soixante*, L'Harmattan, Paris, 2000, 312p.

La « Bande à Baader » ou la violence révolutionnaire, préfacé par Émile Marensin. Champ Libre, Paris 1972, 218p.

Les Temps Modernes, *Allemagne Fédérale : difficile démocratie*, n° 396-397, Paris, 1979.

LÉVY, Thierry, *Le crime en toute humanité*, Grasset, 1984, 245p.

LARA, Patricia, *Siembra vientos y recogeras tempestades*, Ed. Punto de Partida, Bogota, 1982, 191p.

LENCI, Sergio, *Colpo alla nuca*, Editori Riuniti, Roma, 1988, 169p.

Mutinerie et autres textes d'ulrike meinhof, Ed. des femmes, Paris, 1977, 223p.

MORUZZI, Jean-François et BOULAERT, Emmanuel, *Iparretarrak – Séparatisme et terrorisme en pays basque français*, Plon, Paris, 1988, 238p.

NEGRI, Toni, *Italie rouge et noire*, Préface de Bernard-Henri Lévy, Hachette, Paris 1985, 321p.

NOVELLI, Diego e TRANFAGLIA, Nicola, *Vite Sospese*, Garzanti, Milano, 1988, 395p.

PADOVANI, Marcelle, *Vivre avec le terrorisme - Le modèle italien*, Calmann-Lévy, Paris, 1982, 242p.

PANSA, Giampaolo, *Storie italiane di violenza e terrorismo*, Laterza, Roma-Bari, 1980, 279p.

PASQUINO, Gianfranco (a cura di), *La prova delle armi*, Ricerche e studi dell'Istituto Cattaneo, Il Mulino, 1984, 251p.

PÉNÉLOPE pour l'histoire des femmes, *Femme et violence*, n°6, printemps 1982.

della PORTA, Donatella e PASQUINO, Gianfranco (a cura di), *Terrorismo e violenza politica*, Ricerche e studi dell'Istituto Cataneo, Il Mulino, Bologna, 1983, 263p.

RAUFFER, Xavier, *La nébuleuse terroriste du Moyen-Orient*, Fayard, Paris, 1987, 404p.

RINCON, Luciano, ETA (1974-1984), *Plaza y Janes*, Barcelona, 1985, 221p.

Rivista di storia contemporanea, *Identità femminile e violenza politica*, Un seminario alle Carceri Nuove e alla Facoltà di Magistero di Torino. Loescher, Torino, 1988.

RONCHEY, Alberto, *Accade in Italia 1968 - 1978*, Garzanti, Milano, 1979, 236p.

SANGUINETTI, Gianfranco, *Du terrorisme à l'État*, Paris MCMLXXX, 1980, 139p.

SCIASCIA, Leonardo, *L'affaire Moro*, Grasset, Paris, 1978

STEINER Anne et DEBRAY Loïc, *La Fraction armée rouge Guérilla urbaine en Europe occidentale*, Méridiens Klincksieck, Paris, 1987, 264p. Réédité sous le titre, *RAF guérilla urbaine en Europe occidentale*, L'Échappée, Paris, 2006, 256p.

STERLING, Claire, *Le Réseau de la terreur*, J.C. Lattès, Paris 1981.

Textes des prisonniers de la « fraction armée rouge » et dernières lettres d'ulrike meinhof, préface de jean genet, introduction de klaus croissant, cahier libre 337, François Maspéro, Paris, 1978, 244p.

VENTURI, Franco, *Les intellectuels, le peuple et la révolution*, Gallimard, Paris, 1972, (2 vol.).

VERGÈS, Jacques, *Beauté du crime*, Plon, Paris, 1988, 214p.

VESPER, Bernward, *Le voyage*, POL Hachette, Paris, 1981, 477p.

VILLENEUVE, Charles et PÉRET, Jean-Pierre, *Histoire secrète du terrorisme*, Plon, Paris, 1987, 309p.

VOWINCKEL, Annette, *Le débat sur la Fraction armée rouge – Perception et mémoire du terrorisme d'extrême gauche en Allemagne*, Note du Cerfa 52, Ifri, Paris, 2008, 15p.

WIEVIORKA, Michel, *Sociétés et terrorisme*, Fayard, Paris, 1988, 565p.

WIEVIORKA, Michel et WOLTON, Dominique, *Terrorisme à la une*, Gallimard, Paris, 1987, 257p.

TABLE DES MATIERES

INTRODUCTION   **11**
A. CONTEXTE HISTORIQUE   **12**
. PREMIERE GENERATION : LA NAISSANCE DE LA RAF 13
. DEUXIEME GENERATION : OBJECTIF, LIBERER LES PRISONNIERS . 18
. TROISIEME GENERATION : LE DELITEMENT 21
B. L'ENQUETE   **23**
. DES TEMOIGNAGES D'ACTEURS 23
. LE POINT DE VUE DE PERSONNES AVISEES 26

1. LES DÉBUTS, L'ENGAGEMENT   **29**
2. LA CLANDESTINITÉ   **55**
3. LES FEMMES, LES ENFANTS   **81**
5. L'ACTE, LE DISCOURS   **129**
6. LES MORTS   **133**
7. LA FIN   **141**

ÉPILOGUE   **149**

ANNEXES   **151**
A. REPERES CHRONOLOGIQUES   **153**
B. NOTICES BIOGRAPHIQUES   **163**

BIBLIOGRAPHIE   **171**

Allemagne d'hier et d'aujourd'hui
Collection dirigée par Thierry Feral

L'Histoire de l'Allemagne, bien qu'indissociable de celle de la France et de l'Europe, possède des facettes encore relativement méconnues. Le propos de cette collection est d'en rendre compte. Constituée de volumes généralement réduits et facilement abordables pour un large public, elle est le fruit de travaux de chercheurs d'horizons très variés, tant par leur discipline, que leur culture ou leur âge. Derrière ces pages, centrées sur le passé comme sur le présent, le lecteur soucieux de l'avenir trouvera motivation à une salutaire réflexion.

Dernières parutions

Olivier SCHMITT, *La R.F.A. et la Politique Européenne de Sécurité et de Défense*, 2009.

Florence PACCHIANO, *Le Jumelage Bordeaux-Munich (1964-2008)*, 2009.

Ludwig KLAGES, *De l'Eros cosmogonique*, traduit de l'allemand et présenté par Ludwig Lehnen, 2008.

Jean-Philippe MASSOUBRE, *Histoire de l'IG-Farben (1905 - 1952)*, 2008.

L. BOURCET-SALENSON, *Stefanie Zweig et l'exil juif au Kenya sous le Troisième Reich*, 2008.

Hanania Alain AMAR, *Otto Gross et Wilhelm Reich. Essai contre la castration de la pensée*, 2008.

Thierry FERAL, *Contre la vie mutilée*, 2008.

Pierre-Frédéric WEBER, *Le triangle RFA-RDA-Pologne (1961-1975)*, 2007.

Hanania Alain AMAR, *Les savants fous. Au-delà de l'Allemagne nazie*, 2007.

Dominique SIMON, *Le mouvement pacifiste en RFA de 1979 à 1983*, 2007

Paul LEGOLL, *Konrad Adenauer*, 2007.

H. A. AMAR, T. FERAL, M. GILLET, J. MAUCOURANT, *Penser le nazisme. Éléments de discussion*, 2007.

L'HARMATTAN, ITALIA
Via Degli Artisti 15 ; 10124 Torino

L'HARMATTAN HONGRIE
Könyvesbolt ; Kossuth L. u. 14-16
1053 Budapest

L'HARMATTAN BURKINA FASO
Rue 15.167 Route du Pô Patte d'oie
12 BP 226
Ouagadougou 12
(00226) 50 37 54 36

ESPACE L'HARMATTAN KINSHASA
Faculté des Sciences Sociales,
Politiques et Administratives
BP243, KIN XI ; Université de Kinshasa

L'HARMATTAN GUINEE
Almamya Rue KA 028
En face du restaurant le cèdre
OKB agency BP 3470 Conakry
(00224) 60 20 85 08
harmattanguinee@yahoo.fr

L'HARMATTAN COTE D'IVOIRE
M. Etien N'dah Ahmon
Résidence Karl / cité des arts
Abidjan-Cocody 03 BP 1588 Abidjan 03
(00225) 05 77 87 31

L'HARMATTAN MAURITANIE
Espace El Kettab du livre francophone
N° 472 avenue Palais des Congrès
BP 316 Nouakchott
(00222) 63 25 980

L'HARMATTAN CAMEROUN
BP 11486
Yaoundé
(00237) 458 67 00
(00237) 976 61 66
harmattancam@yahoo.fr

638118 - Janvier 2016
Achevé d'imprimer par